給

坎特伯里 (Canterbury) 和
達拉姆 (Durham) 教區的
同工和朋友

靈 修 著 作 精 選

操 練 系 列

誠心所求。

實踐禱告生活的指引

約翰・普禮查特 著

胡燕青、何雋 譯

基道出版社

▼

靈修著作精選 • 操練系列

誠心所求

實踐禱告生活的指引

How to Pray

A Practical Handbook

作者
約翰．普禮查特 John Pritchard

譯者
胡燕青、何雋

執行編輯
羅慧琪

裝幀設計
李贊海

■

出版／發行
基道出版社
香港沙田火炭坳背灣街 26 號富騰工業中心 10 樓 1011 室
LOGOS PUBLISHERS
Unit 1011, 10/F, Fo Tan Ind. Centre, 26 Au Pui Wan St., Shatin, Hong Kong
電話：(852) 2687-0331 傳真：(852) 2687-0281
網址：https://www.logos.com.hk

承印
陽光（彩美）印刷有限公司

●

版權所有 · 請勿翻印
© 2005 基道文字事工有限公司
5/2005 初版
Cat. No. LP618A
ISBN-10: 962-457-279-8
ISBN-13: 978-962-457-279-7
Originally published in English under the title
How to Pray: A Practical Handbook
by Society for Promoting Christian Knowledge
Originally published in Great Britain 2002 by Society for Promoting Christian Knowledge, Holy Trinity Church, Marylebone Road, Londan NWI 4DU
Copyright © John Pritchard 2002
Chinese Edition © 2005 by Logos Ministries Limited
ALL RIGHTS RESERVED
Printed in Hong Kong

刷次	12	11	10	9	8	7	6	5	4	
年份	2029	2028	2027	2026	2025	2024	2023	2022	2021	2020

序

這本書的作者，毫不諱言地指禱告有時叫人感到沉悶，這樣坦誠的作品，我們又怎能輕率看待呢？但任何讀者，若肯徜徉於約翰．普禮查特（John Pritchard）的書頁世界，則一定感到這本書趣味盎然，絕不會覺得沉悶。

《誠心所求——實踐禱告生活的指引》引來如潮好評：平易近人、實際可行、清新雋永、見多識廣、使人莞爾、動人肺腑——在「禱告」這個非常艱深、也無比重要的課題上，本書貢獻極大；上述讚譽，也只突顯了它最奪目的一些優勢而已。

這個作品絕對沒有紆尊降貴的氣焰，反能走進讀者的世界，主動接觸他們，它讚美神神聖而可親、稱頌祂無時無刻不敞開心懷、迎納世人；又歌頌祂有忍耐的大愛、對我們不離不棄：可不是嗎？一旦聽見神溫柔的話語，連褻瀆的人也可以得到潔淨，塵俗的人也可以成為聖潔，天下罪人無不因此重獲新生、容光煥發，以全新的形像示人。

大衛．厄波爾（David Ebor）大主教

前言

調查研究一致指出，人經常禱告，卻不大願意承認。從各方面看，我們對靈界的意識前所未有地高，卻不住走訪千奇百怪的服裝店，要為生命中追尋靈性的部分披上衣裝！一份生活品味雜誌刊載文章，鼓勵讀者尋求靈性生活，竟說因為這樣可以消解壓力、降低血壓、加強免疫能力、對抗抑鬱、提高效率，甚至使人「比任何時間都性感」。那篇文章提議大家嘗試信佛教、練瑜伽、測風水、馱水晶、聞香薰、做指壓和行巫術。但除了說到歌星麥當娜大概已經放棄信主，他們一直不提基督教！

可是，我相信，古老的基督教信仰不但仍舊生氣勃勃，更蘊涵著一種深刻的直覺，使人無法不向神祈禱；這是其他流行的靈性程式無法企及的。千多年前的聖奧古斯丁（St Augustine）可謂一針見血，他的一個禱告是這樣開始的：「全能的神啊，祢為祢自己創造了我們，我們的心躁動不安，直至安息於祢懷中。」如果此話不假，如果我們的生命只能由眼前的大美與奧祕——我們稱為神的這一位來成就，別無他法；那麼禱告就不光是「過好日子」的宗教把柄，而是一個整全的人不可或缺的本質。

許多人深恐自己白活一場，怕一生營營役役於次要的東西，為此深受困擾。今天，當我們熟練地操控各種新科技，人的心靈卻面臨收縮的危機；至少，對於那衍生於文化變更、洶湧來襲的波濤，我們就不能應付裕如了。然而，一些傳統宗教的殘渣——那些使人氣餒的衞道主義和對死板架構的沉溺，我們也不想要。滿足我們的渴求的，必須是相當偉大且實至名歸的東西，這一點，我們都知道；正如一位作家說：「營養不良，可不是拉幾下糖衣牙線就可以解決的。」

因此，也許就只有神、只有造物者那崇山峻嶺一樣使人屏息靜氣的美，才能滿足我們的需要。也許，人心夠安靜時才感覺到的那股緩慢、穩定的嚮往巨流，我們得好好回應。也許，禱告就是人生命中暗藏的電線，把我們接上聖靈的萬維網。也許，禱告叫人愉快，使人輕鬆，讓人康復，幫助我們樂於笑看人生、敢於表達憤怒和喜樂，達到出乎意表的地步。

也許如此。這本書要說的，正是這一切。

目錄

第四部：傾出所有地禱告

第五部：黑暗與光明

第一部
察看這空間

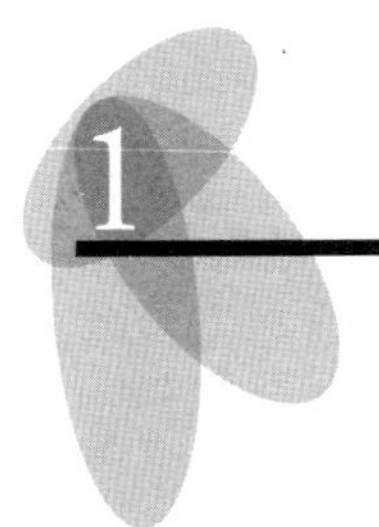

1 嘗試踏出第一步

很多時，我們內心會浮現出隱隱約約的感悟，說生命不是眼前所見那麼簡單。許多人都有過這樣的經歷。這念頭在我們思想領空一閃而過：「我總覺得……還有一點甚麼吧！」遇上極度美滿或極其傷心的事情，我們常不知道該怎麼處理。有人給你留下美好印象，接著你發現他是基督徒；走進教堂時，有些東西在你的潛意識裏輕輕扯動；那甚至是發自我們內心的一種嚮往、一種追求。但那又怎樣？那「一點甚麼」總是稍縱即逝、無從捉摸。

那種感覺有時也頗為清晰，你曉得那是感謝的情懷、或若有所得的感覺。「感謝神」這話即已衝口而出，我們尚未意識到自己在説甚麼。對很多人來說，「神」仍只是一條沒有答案的問題。所以，我們心存感恩時，總覺得怪怪的，因為我們不知道該去感謝誰。可是，當我們瘋狂地愛上一個人、喜歡上一個地方、或沉醉於生活本身的時候，總會本能地追尋感謝的對象。

人人都有過這些感覺，但經常掉以輕心，由得雪崩一樣洶湧繼來的新經驗將之掩蓋。這些感悟可是十分重要的。這些短暫的嚮往，就像脆弱的植物，在混凝土下掙扎、要破土而出。偉大的靈命歷程開展之前，最先出現的，可能正是這一類的活潑標識。

一位作家提到分布在我們日常生活裏的種種「升華信息」。的確，這些感覺無時或已、常伴左右，令我們一時間神馳心動、難以自持，渴想、笑聲、墮入愛河、與小孩玩耍、大自然(確能讓人屏住氣息)、音樂中的一段(實在叫人心跳停頓)。生命中一定還有一點甚麼，我真的感覺到了……

這麼說，靈性歷程的第一步(我且稱它為禱告)就是認出這些內心的感悟，細細咀嚼。切勿容許別的事情把它們掩蓋，也不要把它們忘掉，反要注目於此，用一點時間，溫柔地把它們抓緊。在開始的階段，這樣就夠了。嘗試辨認那是甚麼，或將要變成甚麼。這「那一點甚麼」的信息。美好事情的微小前兆。黑夜裏的驚鴻一瞥。風中的一絲香氣。一次邀約。

這一類感悟，甚至是溫柔、安靜、有禮貌的，沒有野心和侵略性。這或許就是神做事的方式。畢

竟，我們基督徒說，祂成為小孩子，生在一個淪陷國家的骯髒馬槽裏，從後門切入了人類的歷史。祂邀請我們進入完全豐盛的人生，沒有任何野心和要求。

我感覺到了嗎？

禍福無常皆進路

我們遇上困境時，也會格外意識到可能一直存在的「那一點甚麼」。這些困境可以是疾病、意外，發生在我們自己或至愛親朋的身上。它可以指重要的工作面試或飛行恐懼症。它更可以簡單地指那些與你同場考試的人，全都是有神可以依靠的基督徒(而你尚未是信徒)！但無論怎樣，幾乎有點悻悻然地，我們發現自己竟然正向所謂的神、命運或不可逆轉的偉大天意提出抗議。在毫無出路時，我們內心深處總會充斥著這一類的「談判」，到後來情況好轉了，我們又會尷尬得啞口無言，對這一切不了了之。可是這些「談判」提醒我們，沒有人是完全自足的。面對困境，若得到厲害的人物撐腰，我們就沒事了。我們不得不承認，縱使我們以此為「幼稚」，這種求助於他力的反應是大有能力的。超越自我、向上尋求，正是禱告的第一步。

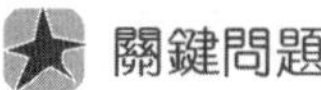

關鍵問題

你可曾被一些人事攔截、觸動，迫使你提出更深入的問題？

你會怎樣描述那些經歷？美好？不安？煩擾？受肯定？還是甚麼呢？

試試這樣

- 在這個星期裏，嘗試捕捉這些「那一點甚麼」。如果可以，就在那當兒輕輕地抓住它們。把它們記錄下來，放在口袋裏，等待比較安靜的時刻拿出來從頭細味，思考它們對你的意義。
- 嘗試多一點注意內心的變化，少一點看外頭的節目和活動。聆聽你的情緒和感受，它們若與平日不同，或顯得異樣，不要漠視它們。細聽感情的起伏。我們內心的生活就如外在的生活一樣豐盛，我們只是不常察覺而已。

智者之言

在我們內心深處，我們對自己的存在都感到驚訝。這種驚訝時而細細閃亮，時而迸爆而出。不過我們很多時把它忘記了。藝術和靈性生命的目標，就是追尋這種訝異之情的曙光。

徹斯德頓（G. K. Chesterton）

我是不可知論者，可是我有時會禱告。但我從不要求甚麼，除了偶然會祈求得到應付某些事情的能力。一般來說，我會感恩，縱使這好像虔誠得使人難堪。

約翰・戴爾文德（John Diamond），
患有癌症的新聞工作者

★ 話說從前

一九九六年登布倫鎮（Dunblane）十六個學生及其教師遭人謀殺，其後發生了下面這件事。

我走到學校的閘門前。我來近學校的時候，附近的街道一片死寂，只有好些警察和一班十七到二十歲的少年人。我看見少年人跪在潮濕的行人路上，從口袋拿出十六支蠟燭，圍成圓圈，然後點著它們。他們圍著蠟燭站了一會兒，其中一個說：「我們要說些甚麼吧？」他們不知所措，其中有人瞥見了我，認出我是牧者。他們就邀我過去，說我「應該知道要說甚麼」。實情卻不是那樣。我站在那兒，淚水流個不停，根本不知道該說甚麼和怎樣說。我們就這樣站著，互相扶持。接著我作了一個簡短的禱告。那成了催化劑。一個問題首先浮現了：「這是個怎樣的世界啊？」另一個人問道：「還有希望嗎？」

有人說：「但願我能相信神。」第四個人說：「我想我要改變了。」說時他稍稍回頭，望向警員。他伸手探進口袋，我看見他有一把小刀。他跪在蠟燭圈旁，靜靜地說：「我現在再不需要它了。」說罷把刀子塞到旁邊的花堆下。另外一個少年人掏出一條腳踏車鐵鍊，也扔掉了。我們靜靜站了一會，然後各自散去。

約翰．德勒尼 (John Drane)

2

學習緩步徐行

這樣說來，前面提到的「那一點甚麼」一定有更深入的含意。我們已開始注意到內心那本能的幼芽和感悟：外向的追求、說「謝謝」的衝動、說「對不起」的需要或幫助別人的意欲。可是，如果我們不給它們一點點呼吸的虛隙，這些感動很容易就會消失。

在我們的文化中，這些靜中感悟，嚴重缺乏呼吸的空間。日常生活的步伐不斷加速，各種需求接踵而至。我們就像坐上了早上八時一刻從大斯諾寧站 (Great Snoring) 開出的火車。它本該在郊外徐徐而行，經過每個小村莊都停一停。但如今，它跑得愈來愈快，正穩定、無情地加速，水流一樣沖過一站又一站，直至車廂危險地左搖右擺。我們拚命抓住座位和行李，可是速度仍不斷增加！那火車還可以待在軌上多久呢？

又試想像一下：你的行李箱滿了，不止滿了，而且要滿得爆開了。你再把一件襯衣塞進去，然後跪在箱子上面把它關上。然後你又發覺還漏放了一件汗衫，你放好後得站在箱子上才能把它關上。你說：不能再多了！說罷你忽然記起外面還剩下一個海綿袋。沒用的。你的行李箱再容不下任何東西了。你得用另一個方法：從頭開始。

在我們這種文化中，「快一點」與「多做一點」產生矛盾，人人苦無空間。他們都渴望慢下來。一隊挑夫受雇於歐洲人，應他們的要求，正以快得荒謬的速度穿越森林。最後，隊伍到達一個空曠的地方，坐了下來。歐洲人催促挑夫繼續前行，可是他們的頭兒說：「不，我們不走。我們已走了這麼遠的路，又走得這麼快，現在我們要在這裏，等待我們的靈魂跟上來。」我們的文化也有這種需要。

因此，每個人都須要設定一些時段，讓自己慢下來的，只有這樣，從那新發現的國度飄來的微細耳語，我們才聽得到。我們要尋找並延展生活中平靜的時刻，我們須要創造停頓的時候，把行李箱翻開來，嘗試一個新的打包方法，把東西全部放進去。放慢步伐，是靈性旅程重要的部分。這樣我們就不必擔心火車何時脫軌，可以放眼欣賞沿途迷人的原野景色了。

試想像一杯泥水。一經搖晃或攪拌，水變得暗

淡混濁，討厭極了。可是當杯子靜止不動，你就能看見水慢慢清澈起來，雜質都沉澱到杯底。最後你清楚看見澄淨的水和底下的污垢。同樣地，當我們慢下來，內心的濁水也會清澈起來，我們就可把裏面發生的一切看個清楚明白。這就是靈性旅程的第二步。

★ 關鍵問題

一天裏頭的哪些時候你有機會安靜下來？可別說沒有啊！那可以是洗澡或睡前躺在牀上的時候，也可以是溜狗、駕車、在收銀處輪候或許多其他時間。那麼，對你來說，那會是甚麼時候呢？

★ 試試這樣

- 開始新的工作(家課、家務、公務)之前，先停一下才著手做。想想你剛完成的工作，它帶給你怎樣的感受？再想想你將要做的事。想到這裏，你心情如何？還好吧？有沒有感恩或求助的需要？抑或你只想停一陣子，甚麼都不做、只做自己？
- 當你需要從一個地方走到另一地點，嘗試走得慢一點。要比平日走得慢，可能並不容易，因此你要刻意去做。緩緩呼吸，注意自己身體的動作，留心身邊的事物。然後，還是這一句：好好享受！

- 與自己約會。心理學家容格 (Carl Jung) 的病人想在某段時間約見他。容格看看記事本，說都沒有空檔了，推了他。到了那天，病人乘船遊湖，看見容格一個人坐在湖邊，雙腳浸在水裏，甚麼都沒做。再約見時，病人很不滿，責怪他那天根本就閒著、甚麼都沒做。容格說：「才不是呢。我和自己約會，從不爽約。」你也這樣做吧。為自己預留空間，做點事，或甚麼都不做。慢慢走，停下來。你可能會發現，一位很特別的人物正等著跟你見面。

★ 智者之言

愛有它自己的步速。那是一種內在的、屬靈的緩急，不是我們熟悉的物象速度。不論我們知道與否，它都會以每小時走三英里的速率，在我們生命的深處持續前行。那是我們走路的速度，也是神的愛前進的速度。

小山晃佑 (Kosuke Koyama)

★ 話說從前

從前有一個人，去見一位在屬靈智慧上很有名望的修士。他就個人靈程向修士求教，一開始不停地說自己的事，還不輟發表自己的想法。最後，修士起來泡了一杯茶，那人還是說個不停。修士把茶倒進客人的杯子，杯子滿了，他還繼續倒。茶溢出流進了碟子，他還是不停手。碟子也滿了，茶流到桌子上，他仍繼續倒。最後訪客按捺不住了，說：「你沒看見嗎？杯子已經滿了！」修士說：「正是。你也一樣。你內心充滿了自我和偏見，再沒有空間留給我的教導了。」

意象建構：頂樓

試把你的生命想像成一間房子。地面那一層是你為客人預留的，別人可以來參觀、來談天。客人來到你的廚房和客廳，你會招待他們，和他們共度愉快的時光。樓上是你的私人地帶：睡房和浴室。它們不是開放的，而是給你休息、恢復精神和跟你所愛的人親近的地方。頂樓遠離地面的嘈雜繁囂，是你的書房或工作間。在這兒，你就是你，一切意念、夢想、計劃和承諾，全都屬於你自己。這是你靜靜坐下來享受寧靜的地方。你必須經常回到這裏來，與自己說說話，以免偏離真我。

給大忙人的詩篇二十三篇

耶和華是我步伐的設計師，
我必不致忙亂。
祂使我休憩於安靜的時刻，
讓我看見恬靜的前景。
祂使我的寧謐回航，
讓我的思緒安寧，助我事半功倍；祂的帶領就是平安。
我雖得日理萬機，
也不曾慌張，
因為祂與我同在；
祂的永恆，祂終極的重要，使我步履平穩。
在許多事務之間，祂擺設清新美點、讓我恢復精神，
祂用平靜膏抹我的腦袋，我的福杯滿溢、湧出充滿喜樂盈注的精力。
我一生一世必有和諧、果效隨著我；
我且要以耶和華的步伐前行，住在祂的殿中，直到永遠。

宮階國（Toki Miyashina）

3 主動打開話匣子

一旦注意到生命中的「那一點甚麼」不住湧現，我們就會嘗試創造空間，讓這些感受往外伸展；到了某個階段，更會想用言語將它們表達出來，我們或可開始稱它們為「禱告」。

這不是說我們非用言語禱告不可。不過，人是會說話的動物，我們渴望與別人溝通時，總會把自己的想法和感受訴諸言語。我們跟神溝通也一樣。基督教、猶太教和伊斯蘭教重要的共同信念之一就是：神愛講話，祂也想通過言語跟我們溝通。一直以來，基督徒恪守聖經之道，尤其喜歡開口禱告，以言語謁見「生命之道」主耶穌。

我們身處的社會，大量使用語言，不必多說。書信、傳真、電郵、互聯網留言、電話、垃圾信件和大量的報紙、雜誌……語言可謂無遠弗屆。我們快要在文字大海裏滅頂了，可是使用語言時一點辨識力或洞察力都沒有。我們大多只會胡亂地說、胡亂地寫。艾略特(T. S. Eliot)説那是「黏糊糊的文字如泥漿；語言錯擲，是亂投的霜片、冰雹」。

可是，文字和語言仍然是我們溝通的最佳工具。因此，我們一開始嘗試禱告，就難免落入這危險地帶中。此事一點不奇怪。為了心裏那些感謝、驚歎或對白晝亮光的渴望，我們已經慢下了腳步，給它們機會；我們創造了心靈的空間，如今，更開始希望和自己內心的聲音對話，而「它」，愈來愈像一位「祂」了。

可是，我們説甚麼呢？

三件無關重要的事

1. **數量**。話不必多。我們只須説説自己想要些甚麼、或對甚麼事情出現強烈的感覺就好。説得太多，反而全面顯出我們抓不住重點。活地亞倫(Woody Allen)有言：「我參加了速讀課程，在二十分鐘內讀完了整本《戰爭與和平》(*War and Peace*)。那是關於俄國的。」禱告呢，則全然關乎生命，可我們不必一次過把它説完。
2. **修辭**。我們不需要口才，無須使用圓滑的言辭祈禱。「真」才是最重要的。禱告是對話，不是考試。
3. **知識**。我們跟醫生説話，不須先取得醫科學位。

同樣，我們跟神說話，也不必先從神學院畢業。禱告並非一種專業，我們一生都只能是「業餘愛好者」。

非常重要的兩件事

1. **自然。**聖經記載，摩西跟神說話，「好像人與朋友說話一般」（出三十三11）。這就是楷模了。我們與神可以天南地北、無所不談，想到甚麼就說甚麼，或很集中地談論某件事，也可以像日常跟人講話一樣「嗯嗯呀呀」地說。與神說話，是不用穿晚禮服的。
2. **誠實。**一個小男孩的父母要離婚了，他很憤怒，並把這怒氣發洩到神身上。他聽了一堂道，說到雅各與神在夜裏爭吵和打架。於是他回到自己的房間，向神大叫：「神啊，我恨你！」他的牧者後來說：「好極了！」為甚麼呢？因為男孩十分誠實。詩篇充滿了誠實人向神吐露真情時的激情呼號。神和誠實的人交往，再開心不過。

★ 試試這樣

- 日間，當你發現自己對某些事情產生美好的感覺，就用自然湧出來的心底話直接告訴神吧。同樣，當你對某些事情感到憂慮，例如約見、面試，或收到你關心的人的壞消息時，亦可如此。別只曉得去「感受」，要把感受說出來，就好像我們平時跟自己說話一樣。只是我們把談話的對象換成了神而已。

- 當你放慢腳步、騰出了真正的空間，想說些話的時候，就會想把話說得更有條理、更加具體。循**謝謝、對不起、懇求你**的提示來禱告，是個簡單的方法。這花的時間不多，卻能涵蓋不少重要的範疇：為美好的事(如太陽的溫暖、一段特別的關係、朋友的鼓勵)感恩、為自己的過犯道歉(可要誠實啊)、打從心底為自己及別人的需要代求。
- 如果你懷疑自己的禱告充塞呆滯、平日所學又難以明白，坊間有很多不錯的禱告書籍供你參考，靈修時，你可以用部分時間來讀。魯思．埃切爾斯(Ruth Etchells)的《我的本相》(*Just As I Am*)把你想說的話優美地表達出來；埃迪．艾斯丘(Eddie Askew)在國際痲瘋救濟會(The Leprosy Mission)出版的任何一本書也一樣。相類的書籍不少，找一些既寫得出色又合你胃口的來看，是一件好事。誰都知道，安傑拉．阿什溫(Angela Ashwin)的《一千個禱告》(*Book of a Thousand Prayers*)雖然長篇大論，卻十分優秀。克理斯托弗．赫伯特（Christopher Herbert）選編的《隨身禱告》（*Pocket Prayers*）篇幅雖然較短，也充滿了不朽的經典禱文。

★ 笑一笑

一位年長的太太，住進了一間由舍監管理的房子。第一天，舍監通過對講機叫喚這位老太太，想看看她是否安好。對講機於是傳出「伊迪芙，伊迪芙」的叫喚。一輪靜寂過後，一個老弱的聲音回答道：「主啊，請說，僕人敬聽。」

鳥兒的歌

智者的眾門徒向他提出很多關於神的問題。智者說：「神是奧祕，不可洞悉。每個關於祂的講法、你們每一條問題的答案，都把真理扭曲。」門徒聽了都很迷惘。他們問：「那您為甚麼還要說祂的事呢？」智者反問：「鳥兒為甚麼唱歌？」

出自戴邁樂（Anthony de Mello）

我們有時候須要唱歌，有時候須要禱告，有時須要用言語來表達自己。

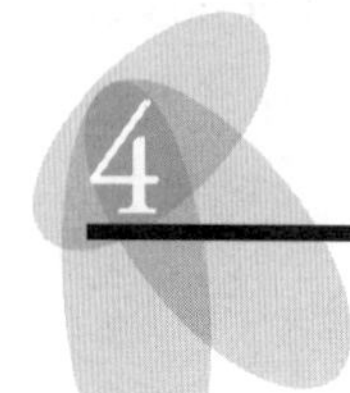

4 聆聽無聲的音樂

有說禱告就是與神對話。苟真如此，為甚麼我們幾乎完全聽不到神開口？縱然有點遲疑，我們也許已經開始有信心跟神講話了，電話線的那一頭卻十分沉寂。總之，凡是有人說自己聽到神的聲音，我們都很自然就懷疑他精神有問題。那麼，就禱告而言，「聆聽」是甚麼意思呢？別忘了禱告並不要求我們先取得博士學位——但在這兒，我們卻樂於開始學習字母。對於初學者或「重新開始」的人來說，聆聽神的話究竟是甚麼意思呢？

基本上，聆聽神的話，說的是我們對神開放、專注。在言語之外，神還會用很多方法向我們表達祂的愛。「聆聽」一詞，其實有點誤導。以說或聽的感官為接收渠道，其義都過於狹窄。神通過生命的整個網絡與我們溝通、彰顯祂的存在，但祂幾乎總是小心翼翼的，不會以泰山壓頂的方式奪去我們的自由。神在每一個時刻、通過每一件事，持續向我們走來。我們的任務是專注於祂的到臨，在話語無聲的間隙裏，聽得見那無聲的音樂。

因此，禱告，就是進入神的臨在。通過在生活上種種不同的途徑，我們可以做到這一點。撥開一切、騰出空間來謁見祂的靈修時段，當然也可以。禱告就是在任何時間、用任何方法與神在一起。我們在那裏，神也在那裏。祂的臨在可以非常明顯，也可以悄靜無聲的；我們可能會給嚇得大吃一驚，也可能甚麼都感覺不到。但祂一定臨在，於我們生命的深處嫻雅地作工。我們在任何時候都可以意識到這一點——晾衣服的當兒、在超級市場排隊之際、在會議中聽同事說話的時候。專注聆聽，我們當能發現一些更深入的東西。神可能隱而未現，卻不會躲避我們。

活地亞倫(又是他呢)說：「生命的百分之八十不外仰望。」禱告也一樣。其中大部分時間，我們只須抬頭仰望，讓神作我們的主。我們若意識到祂的臨在，好極了；即使感覺不到也沒關係。祂還是一直與我們同處、一直在我們身上工作的。祂有充裕的時間，還很會掌握機會。無論我們給祂甚麼，祂都會說：「讓我們看看，我們可以拿這些東西來做些甚麼呢？」

現在我們可以說得更精確一點了。「聆聽」不是指聽見某些聲音，而是指對這位時刻臨近我們的神更龐大的專注。神總是先打開話匣子的，因為祂總想接近我們。可是，我們如何才能察覺到祂的存在呢？

- 有時候，我們會注意到一些深刻的思想，例如那些在我們停下來禱告時成形的念頭和感悟。好好聆聽，因為它們終於浮上來了，神可能就在其中。苟真如此，它們必能自行印證，我們也認得出其中的真理。
- 有時候，這一類印證來自其他地方，例如別人的話、我們讀到的文字或看到的情景，甚至是事情本身的發展。到時候我們就會知道，那感悟的力量是神給我們的。此刻我們必豁然開朗，看見事情背後那真理的光環。這是神在對你一個人說話，不一定會震撼其他人。此際，神在我們心裏工作。
- 神常常通過大自然的信息與人溝通。無論是最微小的環節，還是最宏大的觀照，祂的世界都美麗得叫人驚訝。成熟的人面對喜瑪拉雅山的日落，會流下眼淚；觀看阿卡巴海灣的魚兒身上奇異的顏色，會啞口無言。大自然總能給我們帶來驚喜，且必能引動我們回應。

- 神常常會用祂獨有的話語——聖經——跟人溝通。聖經是神智慧所在，會主動地把我們逐個揪出來，向我們說話。這「書中之書」與我們的心靈深處交通時，神就透過聖靈的電流跟我們聯繫。有時我們會在半路給截停；有時我們最隱密的地方會給神的挑戰戳個正著；有時我們會感悟到神那難以置信的大愛。閱讀神一切愛的篇章時，聆聽自己的心，就是我們要做的。
- 神不住向我們走近，過程中，另一個接觸祂的模式，就是我們對某些事情的深刻感情反應；它們可以來自音樂、詩歌、一本書、一齣電影，或某事件中的某個人。此時，我們內心的隱祕之處會浮現出深刻的、意料之外的情感，上面有神自己鄭重簽寫的名字。

★ 關鍵問題

你準備好給神一個「說話」的機會了嗎？

你會練習豎起耳朵，向自己的內心打開、向他人的心靈綻放、向大自然和聖經裏的聲音張展嗎？

★ 試試這樣

- 當你計劃眼前的一天時，要下定決心，開放思想和心靈，然後上路。凡事不要只看表面，還要探究其深層的意義。跟別人說話或參加會議，不要只看事情的表面，還要聆聽各人內心深處的語言。要為真理好好聆聽。

- 一天完結時，好好思考一些與別不同的、給你鮮明印象的特別事件或經驗。它可能是美好的、擾人的、幽默的或極其嚴肅的。你沉思這些事情，在事情中「聽」到了甚麼？你從中得到了甚麼？它就你的信仰、價值觀或看事物的方法，對你說了些甚麼話？它給了你甚麼信息？
- 試讀新約聖經的一個小篇章。從馬可福音或腓立比書一句一句地開始，小心地、慢慢地閱讀，並仔細思考。要問：這裏面發生了甚麼事呢？對我來說，此事有甚麼意義呢？我可以怎樣做呢？然後明天再做一次，讓讀經成為你的習慣。

★ 智者之言

蕭伯納 (Bernard Shaw) 在《聖女貞德》(*Saint Joan*) 裏，說到在理姆斯城的加冕禮之後，貞德懇求國王和教宗繼續與英國抗爭，因為這是她所聽見的那「聲音」的命令。國王卻愛理不理，還叫道：「啊哈，你的聲音，你的聲音！為甚麼我沒聽見？你可不是國王呢，我才是！」

貞德回答說：「它們一直對你說話，可是你沒聽。你沒於黃昏時坐在田野中靜聽。天使敲響鈴鐘，你在胸口劃個十字便算了。可是，你若肯打從心底裏懇切祈求，鈴聲過後，細聽鈴鐘在空氣中的顫動，你也會像我一樣，聽到那些聲音。」

★ 話說從前

有一個人，想認識更多關於玉石的知識。他的同事認識一個專家，說可以給他介紹介紹。彼此認識之後，那人便去上他的第一課。

專家帶他到一個房間，給他一塊玉，沒解說甚麼便離開了。那人看著那塊玉，感受它，思想它。可是專家沒有回來。半小時後，專家出現，並說那一課已經完了，大家一星期後再見面。那人有點莫名其妙。到了第二個星期，他又去上課，可是同樣的事又發生了！他給帶到一個房間，得到一塊玉，並給留在那裏。半小時後專家回來，說課堂已經完畢。

每次上課，那人都遇到同樣的事情。他很氣，覺得自己真金白銀的學費都白花了。終於他去找介紹專家給他的那位同事，向他表白，說對這些所謂課堂十分不滿；他埋怨道：「他每次給我看一塊玉，自己就溜了。還有更氣人的——」他繼續說：「上星期他竟然膽敢給我看一塊贗品！」

仔細聆聽那無聲的音樂。

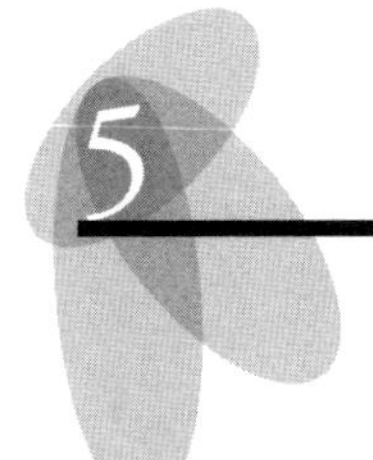

堅持腳踏實地

一提到禱告，我們就感到恐懼，原因之一是怕自己變成宗教狂。我卻要說，禱告絕不是一種超級靈性技巧，也不是那些雙腳離地半尺，不食人間煙火，長期面容蒼白、神情苦惱、騰雲駕霧的聖人專用的。聖潔，可不是高考科目。

然而，我們卻必須承認，對一些人來說，信仰似乎真的削弱了他們的常識。美國一本為基督徒兒童寫作的童謠集，就有以下這首「傑作」：

積克與吉爾上山去
要找一桶可喝的活水
喝下去，就說找到了
永恆的生命和喜樂

它甚至不合韻律呢！況且，對很多人來說，禱告生命就像一場高檔的靈性「大富翁」遊戲，人人都企圖掌握一套無價的靈性技巧，以佔上風。其實，禱告完全不是這麼一回事。

禱告基本上是實用的。它讓我們活得更像一個人，而非愈來愈不像。它提供資源，幫助我們過更充實的生活，並使我們和身邊的人及身處的社羣更加密切。早期教會一位信徒說過：「神的榮耀，指的是一個充分地活著的人。」所以，不要把禱告視為讓我們抽離現實的東西。恰好相反，禱告讓我們更深地進入每一天的現實。

有一次，我跟一羣在市中心貧民區的基督徒談話，他們說到神怎樣突破他們社羣中的靈性荒野。一位男士的描述相當精彩：「小小的一片草刃，竟然可以從六寸厚的水泥地破土而出，真叫人驚歎。」這裏描述的正是再實在不過的靈性生命，生動地反映出神在他周圍所成就的工作！

- 禱告是實用和實際的。它領我們進入生活，而非離開。
- 禱告是人性而坦誠的。無論我們忿怒、挫折、疲累和失敗，抑或愉快、熱情、歡欣和成功，都可禱告。
- 禱告是一種健康的平衡狀態，頭腦、心靈和雙手都參與。我們禱告時要清醒、要有情，也要有意識做實際的事，以作回應。

- 人人都可以禱告，禱告不是專為喜歡這一類事情的人而設的。對基督徒來說，禱告是與生俱來的權利，而且是非凡的特權。但話得說回來，用微波爐加熱的即食靈修卻不管用。聖潔是須要操練的。

★ 關鍵問題

你的信仰經歷(先不論其深淺)，如何令你活得更像一個人、更豐盛地活著、更深刻地融入生活的現實中？如果沒有，出了甚麼錯？

圖像練習

禱告讓我們探索個人與神的關係，其目的不在精益求精地鑽研一種祕技。這麼說，以夫妻這種深入的關係來比喻禱告，對我們或有幫助。婚姻要健康，須在以下四個層次運作：

1. **自動運作。**許多時候，一段婚姻總能夠自然地、不察地運作。我們不必用勁使它繼續進行，只會把它看作每天生活的背景。同樣地，我們與神的關係，大多指我們如何面對日常生活中的歡快和困難，與婚姻不同的是，我們以神美善的存在為一切事件的背景，我們人人可以不時對神莞爾一笑。

2. **閒聊**。每天上百次無關痛癢的小對話，在婚姻中是不可或缺的。「可別忘記你約了牙醫啊！」「你今天可以代我去銀行嗎？」「你不是要換走廚房那張達明．赫爾斯特（Damien Hirst）的海報嗎？」我們日常與神溝通也一樣，大部分屬閒聊。這叫做「飛箭禱告」，即是盡速聯絡、即時到達的禱告。
3. **深談**。每段婚姻都要有嚴肅、中的、直接的對話，以商討要事。一天裏不一定有很多這樣的時間，但我們的想法、感受和更深入的情懷還是要拿出來分享的。與神相處也一樣。我們有時需要空間和專注力，純粹與神待在一起，藉此深化關係。走到這裏，要更進一步，會開始變得困難。
4. **親密**。照字面看，這是說夫婦要常常維持「接觸」。他們須超越言語，進入行動和感官世界。在這兒，撫摸、愛情和無言的親密是不可缺少的。禱告中也有這種時刻；此時言語消逝，取而代之的是靜默、沉思和單純地享受神的感覺。

★ 試試這樣（讓自己腳踏實地）

- 把上面列寫各種關係層次的清單，應用到你和神的關係之中。現在，你想在哪一方面改變自己的祈禱方法？還是你會留起這清單將來再用？

- 我們前幾代人，常說「工作就是禱告」("*laborare est orare*")。把你每天的工作，看成是為神做的，盡力做到最好，然後獻給祂；還有，你當盡可能這樣看：神主導偉大而複雜的工程，維繫、改善這個世界，你的工作，正是其中一部分。
- 日常生活中若遇上困難，試問自己兩個問題：第一，在整件事情裏，神處於甚麼位置？第二，我該學效基督做些甚麼？這些問題不會自然湧現，但如果你操練自己這樣提問，在決定性的時刻，它們是很有用的。
- 試用日常生活中的事件作禱告的材料。看電視新聞或報章時，把事情和危機直接帶到神面前來吧。別人提到甚麼難題，你也可以這樣做。若不向神傾訴，它們就會變得沉重，除非我們是冷感的。一旦把問題交託給神，事情馬上就落入最穩當的大手之中了。
- 這一點較難做到：基於「每個人身上都能見出基督」這信念，試把下一位你認識的人視為神賜下的禮物。再下一個也是呢！

★ 智者之言

真正的靈命，不是消閒活動，不會脫離生活的常軌，其名高越，其行入世；其法是否實際可行，正是靈命真偽的驗證。

李卓（Kenneth Leech）

追著球，克蘭學院加油！為神的榮耀追著那個球！為神的榮耀追著那個球！

凱利神父（Father Kelly），

在欖球賽中給押離賽場的克蘭神學院院長

★ 禱文

主，我們的神，我們的父親
祢用十架和長釘把我們完全救贖
在世界這個大工場上，求祢好好揮動祢的工具
讓我們這些粗糙的人，也被祢塑造
得以愈來愈像祢的兒子
耶穌基督，我們的主

里程碑 1

認識典範禱告

我們若要就禱告提出問題，就得問神自己；讓我們直接問耶穌如何禱告吧。門徒也曾這樣問(路十一1～4)，並得到從神而來的答案：主禱文。所以，如果我們想認真地禱告，就要好好運用這全世界最有名的禱文。這個禱告，每天給人念誦好幾百萬次，只要我們停頓的時間夠長，就能注意到它能引導我們到達禱告奧祕的核心。在冰島一個偏遠的角落，一位海軍軍官與他的朋友用主禱文禱告。他說：「慢慢地說。每句都有一噸重。」現在讓我們仔細看看每一噸。

我們在天上的父。耶穌可以稱神作「父親」，人人都知道。但教人吃驚的是，祂說我們也可以這樣做！這個字在亞蘭語裏是很親密的：阿爸、爹爹。我們的大哥哥耶穌，名副其實就是神的兒子，我們若不斷行使與神親密的權利，就有機會變得更像祂。天天呼喚「阿爸」，熟能生巧，我們會變得愈來愈有基督徒的品相。

願人都尊你的名為聖。「願你的名稱為聖潔。」願全地都承認你的名字是聖潔的。願世上錯誤地膜拜金錢、情欲和權勢的人，都認得出甚麼才是真正的聖潔。就從我開始吧，願我的視野充滿神的美善和溫柔。

願你的國降臨；願你的旨意行在地上，如同行在天上。這是主禱文裏最令人興奮的句子。如果神的國度要降臨在地上，我們可能須要首先整治自己呢！若非戴了頭盔，拿著急救箱，星期天你可別在教會裏讓這句禱文衝口而出啊！這不是說笑的，它祈求的是神排山倒海地攻擊一切阻礙祂美善計劃的人和事呢。我們預備好同心祈求、讓祂首先整治我們自己嗎？

我們日用的飲食，天天賜給我們。在神的國度和王權下，每個人都可以得到他需要的東西。通過祈求特定的糧，即此時此刻所需的「飲食」，我們可以預見未來神國度裏的筵席。但我們這樣祈求時，難免記念到世上捱餓的人，他們渴求的，不外裹腹的口糧。想到這裏，我們會為他們的需要做些甚麼呢？(這禱告是不是開始使人難過了？)

赦免我們的罪，因為我們也赦免凡虧欠我們的

人。我的一個女兒，從學校回來，竟然每每滿有信心地說：「赦免我們的唱（sings；原文該是forgive us our sins——赦免我們的罪）。」嘿，大概還隱含著這荒謬的句子：「如同我們赦免別人唱衰我們一樣！」（as we forgive those who sing against us!）不說笑了。寬恕確實位處耶穌信息的中心。它不是指我們這世代對任何錯事都隨便包容，而是指神給我們的寬恕，那豐盛、難成、震撼人心、甚至不惜任何代價換來的原諒——可惜，我們都不知道！但如果我們不是同樣地對待身邊的人，根本就不能認得出這種胸懷。告訴我，你在這方面做得怎樣了？

不叫我們遇見試探。難道祂會？！其實耶穌這裏說的，並非單指我們的私人過犯，乃是說祂要保護我們，免得我們落入那世界性的、叛逆神國度的巨大黑暗魔爪中。這可嚴重得多了。我們需要神「**救我們脫離兇惡**」，因為祂從無望的世界救贖了祂珍貴、脆弱的子民，我們也在其中。十架的大能必要砍伐邪惡，而在這裏，我們必須克服面前的誘惑，堅定不移。

因為國度、權柄、榮耀，全是你的，直到永遠。感謝主！抗爭的結果已經定了。我們可以放眼盼望這將至的黎明，因為最終一定沒有任何東西能夠阻撓神的王權。我們相信這話嗎？

試試這樣

- 誦念主禱文、細述每一個訴求時，嘗試想像一個特定的處境。例如說「願人都尊你的名為聖」時，想想你的辦公室或學校，那兒神的名通常只用來咒罵人。當你說「願你的國降臨」，想想那些強烈反抗神的平安的罪惡黑點。說「我們日用的飲食，天天賜給我們」時，記念你家人或親友的急切需要。
- 每天抽取不同的句子，讓這句話成為你生活中的一部分、成為你禱告中特別的焦點，你可以一整天重複它、咀嚼它。例如：在一天的生活中，如果把「你的旨意降臨」這句禱文應用到一般對話、商業事務或與朋友相處這些事上，它會有甚麼意思？
- 帶領別人用主禱文祈禱時，你可以於某一句後停下來，保持安靜一段較長的時間，讓所有人都默想那個句子。
- 至少我們可以說得慢一些，切實地思考自己口裏正在誦念的每一句！

話說從前

有一次，馬克思（Karl Marx）的女兒對朋友說自己原沒有宗教信仰，因為她從沒受過這方面的培育。她說：「可是有一天，我無意中發現一個美麗的小禱告，我很希望它所說的都能夠成真。」當人問她那是一個怎樣的禱告，她就慢慢背誦起來：「我們在天上的父……」

主禱文——電話留言版

「愚人號」(The Ship of Fools) 網頁舉辦了一個比賽，把主禱文改寫成流動電話的文字留言。其中一個最短的參賽作品如下：

God@heaven.org，你管天，也管地。求賜食物和休息。會效法祢原諒人。助我們專注。祢永遠、完全掌權。阿們。

第二部
每一天

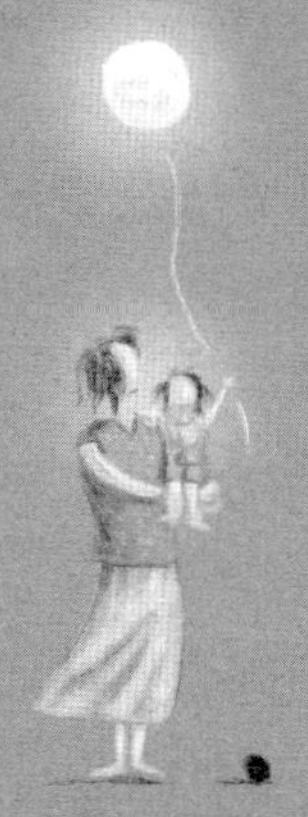

6

一日之計在於「神」

今天在英國，你駕車駛過任何一條街，都可以看到一叢一叢小小的黑色衛星接收碟，它們的臉熱切地仰向天空。它們表述了灌入那些家庭的大量享受——可能也象徵了一丁點兒浪費了的時間。我愛這麼幻想：一日伊始，轉向神的腦袋和心靈比這些衛星碟更多，每個人都成為一個接收器，打開來承接祂賜下的美好事物。

早上雙腳放到地毯上的一刻起，我們就開始一天的行程了。熟悉的生活程序自然啟動。人人都跳起那無聲的熟練生活之舞，飛快地穿梭於浴室、睡房和廚房之間。意料之外的小變動(像「馬田，請你**馬上**給我爬起來！」一類)足以令整個程序癱瘓。早餐是便條式的對話，內容不是橘皮果醬，就是語氣暴躁的「喂，記得帶運動袋」，再不就是狗兒到處撒尿引起的惱怒，在這一切的背景聲音後，是收音機傳出的政治辯論。在種種繁瑣的事務裏，禱告該安放到甚麼地方？

解決的方法，就是建立良好習慣。不管是簡短的招呼，還是綿長的交談，重要的是你與神一同開始每一天的生活，讓禱告成為你起牀後其中一個指定動作。我們不必每早考慮刷牙與否，因為這是例行公事。這樣做不會叫人難受，只會帶來好處，這我們都曉得。禱告也一樣。

早上禱告，可長可短。家有幼孩、或須大清早就開始工作的，也許只想把一天交託給神，然後全力以赴。如果你剛好放假，又或已退休，可能會希望以清晨禱告為每日的主要靈修，藉此提升靈性。可是，正如前文提過，不同的性情會影響我們的禱告方法。有些人喜歡用較長的沉思與神相處，但對於另一些人來說，這簡直味同嚼蠟。人人口味不同，這話沒錯。

所以，有人喜歡在刷牙時對著水盆作簡短的禱告、或在溜狗、上班途中於車上祈禱；又或利用家人走進廚房前的十五分鐘、餐後靜下來的輕鬆時刻向神說話。此處最重要的原則是建立有規律的禱告習慣，並把這一天內要發生的所有事情、對話、工作、情緒都交到神穩妥的掌握之中。那麼無論發生甚麼事，我們都知道祂與我們同在。

我們要做的只是按鈕啟動自己，成為一個衛星接收器。

 關鍵問題

你是一個早起的人嗎？如果不是，你會如何啟動自己成為衛星接收器呢？

★ 試試這樣（捷徑）

- 從牀上爬起來之前，在浴室裏或換衣服的時候，想一想你將要面對的這一天，並請求神帶領和保守。「主，這就是我的今天。我要做這許多工作。還有，我要面對這種種問題。請與我同在，帶領我順利地、從容地完成一切、克服困難。要出發了，遲些時再慢慢細談。」
- 走路時——帶狗兒散步或走路上學、上班時，你可以善用時間，與神輕鬆地對話（駕車時也可以，不過這可要小心點）。為那些你覺得美好的事情感恩，那可以是一段感情、一種叫人著迷的興趣，或是在露水上閃耀的晨光。想一想你和你身邊的人正在面對的問題，把它們交託給神，讓祂的愛於此工作。把你面前的一整天獻給神，滿滿地承接祂要賜下的好東西（有時是活命之道呢！）。

• 你可以設定一個簡短的日常三步曲，即使起牀前躺著時也可以照著做。

1. 念誦歌羅西書三章17節：「無論作甚麼，或說話或行事，都要奉主耶穌的名，藉著他感謝父神。」
2. 然後想想面前的一天，求神幫助你做到這件事：無論做任何事，你都奉主耶穌的名而行。
3. 接著是例行禱告：「主，我把這一天獻給祢，這包括我的工作、我要遇見的人、我的歡樂和難處，讓我通過每一件事曉得基督的愛，並存感恩的心。阿們。」

★ 也試試這樣（長征）

如果你覺得在清晨禱告還不錯，或至少承認每日皆有一次清晨，你也許想在一天絆住你之前，為你和神的關係預留一段特定的時間。有人選擇早起，以享受拂曉的平靜，其他人則善用早餐後不必出外的時間。如果你想知道更多使用這段時間的方法，請參看第8章〈專心致志的禱告〉。

★ 智者之言

禱告是尚未起牀，已在思想上得勝。

約翰・柏金斯（John Perkins）

每天醒來，所有意欲和想望就像野獸一樣向你衝過來。早上的首要工作，就是把牠們全都趕走，然後聆聽那另一個聲音，用那另一個角度來觀照世界，讓那更巨大、更強壯、更安靜的生命注入。整天都要這樣。開始時，我們只能在某些時刻做到這一點。但從那些時刻開始，這新生命就會向我們靈性系統裏的每一個角落擴散，因為我們已經讓祂在我們心中適當的位置上工作。

魯益師（C. S. Lewis）

次日早晨，天未亮的時候，耶穌起來，到曠野地方去，在那裏禱告。

馬可福音一章35節

主，我與祢一起開展這一天，求祢的恩福臨到我。
我做對了的時候，以真理堅定我；
我做錯了的時候，以真理責問我。
我不求我想要的，只求祢眼中我所需要的，
我把這一天和我自己獻給祢，為祢而活，
奉主耶穌的名。

艾奧納（Iona；簡本）

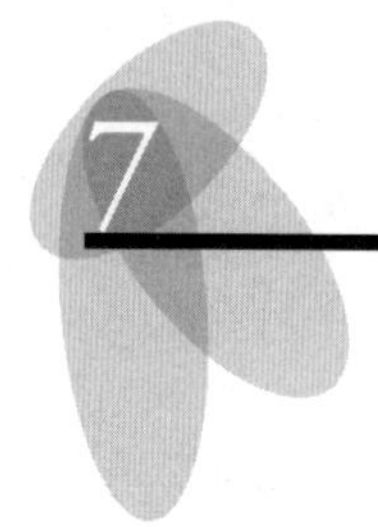

7 無時無刻不禱告

一天就這樣開始了，我們開始落入這齣名為《隨風而逝》(又譯《亂世佳人》或《飄》)的足本劇情片裏；對大部分人來說，一天確實快得像風一樣。靠禱告度過每分每秒的念頭看來頗為不切實際。也許我們把目標定得太高了。日間的禱告可能須要邊做邊說，因此，我們在這裏尋求的不是那「神聖的半小時」，而是一連串短暫的小頓。如果我們一天可以查看幾次電郵，何不也與神聊幾次天呢？

這樣看，日間的禱告更像標點符號：零丁而不協調的逗號，尾巴朝上的開引號；括號標示著人生腳步稍微放慢的瞬間，問號來自那不時出現的重大事件；驚歎、訝異、幽默，正是幾個突如其來的感歎號；終於，這一天慢慢停下、完結了，成為句號。神整天臨在，我們作標點禱告，為的只是與祂保持聯絡。這就是第5章所說的「閒聊式」禱告。

我們氣吁吁的，好像只曉得趕忙完成眼前的事情，可這背後未嘗不是一種更深刻的祈禱；雖然未曾清楚訴諸言辭，我們甚至連神都沒想起，卻深深相信祂就在左右，事情也大致穩妥。那就是第5章說的「自動運作式」禱告，也就是信任神大有恩福的必然臨在，自然地過日子。一天伊始，我們穿上衣服，然後幾乎完全忘記了它們。同樣地，照保羅在羅馬書十三章14節說，我們可以「披戴主耶穌基督」度過每一天。

關鍵問題

繁忙的日子裏，哪些是與神保持聯絡的最佳辦法？

★ 試試這樣

- 「飛箭禱告」直取靶心。無論是應付面試、面對艱巨任務或牙醫的電鑽，「主啊，救命」最廣為人用。「主啊，請幫助那個人」是另一支「箭」，當你看見殘障人士，或領著一堆頑童的人在羣眾中掙扎，就會這樣為他們祈禱。走進自己的社區，經過每間房子時，我們也可以為鄰居禱告，即使彼此從不往來。救護車在車流中慌忙地穿插，同樣要求我們發出禱告的箭。「飛箭禱告」是頻發、迅捷而有效的。

- 另一個緊緊把自己鎖在神身邊的方法，就是對每天許多美好的時刻心存感恩。新磨咖啡或新刈青草的香味、清晨陽光觸摸樹木的情景、小孩子無拘無束的笑容、工作終於做完的滿足感。一旦注目於那些恩賜，我們就能體會到它們竟是那麼豐富、那麼使人陶醉！
- 十七世紀法國的羅倫斯修士(Brother Lawrence)，因教人「操練神臨在的意識」而著名(請看〈智者之言〉部分)。他在廚房裏工作，説自己在那兒和在教堂裏一樣，能夠與神從容相處。他這樣教導：我們應該練習注目於神的臨在，直到這變成習慣。説得明白一點，就是簡簡單單地從早到晚注目於神、謹記祂的存在、時常感恩、當下「為神」做每一件事。那是甚麼意思呢？無他，談戀愛時，我們總想為自己所愛的人做每一件事。我們對神也一樣。這不是説要額外做些甚麼，而是説我們把日常為自己做的事，看成為神而做。通過這些方法，我們對神的存在就會變得十分敏感，以致能夠把祂的臨格也看成我們精神上、情感上的一種佈置。
- 天堂和世界並非二分的，須要合起來看。因此把地上的事情交託給天上的主，是很重要的任務。

我想，我們愈為「屬世」的事祈求，神愈欣賞。祂大概早就給我們禱告的抽象和空泛悶壞了。我們聽新聞報告，或閱讀報章頭條，可把關注和憂慮即時帶到神面前。有甚麼比這更好呢？與朋友談話，知道她正為某些事陷入掙扎，我們可以馬上把此事放到神「待處理」的文件夾中。我們翻看日誌，憂慮該怎樣面對未來的工作，也可以把一切託付於神的「永恆不變」。現實生活中的事，往往就是誠摯禱告的最佳基礎。

- 我口袋裏有個小小的木造十字架，我可以把它舒舒服服地握在手裏。我探手進口袋，立刻就能接觸到這世界上最有能力的象徵符號。對我來說，它提醒我思想神的愛，注意我此生所繫的世界；因此，人生路上，我可以時刻禱告。這種小十字架可在基督教書店和退修營地找得到，你也可以為自己做一個。
- 我們的世界充滿背景音樂。這麼說，為甚麼這些不能是基督教音樂呢？市面上有各色各樣的基督教唱片和錄音帶，適合不同人士的口味：古典音樂或現代的合唱、泰澤(Taizé)、艾奧納，甚至是現代「跨界」(crossover)的音樂都有。不論在車上、在廚房裏還是任何地方，都可以不停播放，這些音樂可以提醒我們：生命的靈在我們每一天的核心裏保守和運作。

- 東正教有一篇著名的禱文，名為〈耶穌禱文〉，許多人會重複誦讀。內容如下：「主耶穌基督，永活神的兒子，求祢憐憫我這罪人。」無論我們在做甚麼，這段禱文都能夠幫助我們注目於耶穌基督，提醒我們時刻依靠祂。天主教信徒念玫瑰經，目的也類似。

★ 智者之言

行動之時，同是禱告時刻。有時在廚房裏，幾個人同時向我要不同的東西，在這種喧鬧裏，我依然平靜地擁有神，跟我跪領那蒙福的聖餐時並無兩樣。培養神臨在的意識，要出自內心、發自真愛。愛，成就一切，且不嫌事小而不為。我因為對神的愛而反轉鍋裏的小蛋包，煎完了，如果沒別的事忙著，我就俯伏在地上，敬拜那賜我煎蛋包機會的神。然後我站起來，比做皇帝還要快樂。到我再不能夠做甚麼的時候，就是為了愛的神而撿起一根稻草，我也會感到滿足。許多人追尋學習愛神的途徑，希望通過數也數不清的途徑來達到目的。他們絞盡腦汁、用許多不同的方法，幫助自己持續住在神的面光裏。然而，為愛神而做每一件事，善用個人生命所要求我們完成的任務來表達對祂的愛，與祂心心相印，可不是更快、更直接的途徑嗎？這不是甚麼複雜的事，我們只須要誠實和單純地朝這方面走就行了。

羅倫斯修士

要常常喜樂，不住的禱告，凡事謝恩；因為這是神在基督耶穌裏向你們所定的旨意。

帖撒羅尼迦前書五章16至18節

禱文

啊，主，祢知道今天我有多忙；我若忘記了祢，因基督的緣故，請不要忘記我。

艾斯德里爵士（Lord Astley；
於艾德格赫爾大戰 [Battle of Edgehill] 前夕）

8 專心致志的禱告

上一章我們已經看過「自動運作式」和「閒聊式」的禱告了。現在，我們來學習「深談式」的禱告，看看在特別為神預留的這一段時間內，我們可以怎樣專注於自己和神的關係。沒有這段委身的時間，這關係準會受挫，就像人與人之間的相處一樣，需要適切的珍視、充分的時間與專注。也許我們不是天天都找得到這心無旁騖的時刻，但每隔一段時間必須有一次這樣的靈修，有沒有這樣做，分別非常明顯。鋼琴演奏家阿德．魯賓斯坦(Artur Rubinstein)曾經這樣說：「一天不練琴，自己會察覺到差別；兩天不練，家人就看得出來；三天不練呢，就差得人人都知道了。」

哪一段時間最好？

恆常靈修至為重要。只要有規律，甚麼時候進行都不打緊。黎明時(我聽說真有這種人)、坐火車上班途中、把孩子送到學校之後、坐在公園或市中心教堂裏午休之時、晚飯之後(如果我們不打算外出)，或在睡覺之前都可以，視乎我們的生活情況而定。如果你是學生，那可以是在書桌前開始坐下的一刻。對其他人來說，那可以是溜狗、燒飯，或甚至是給嬰兒換尿布的時候。(如果你的兒女尚年幼，要對自己寬鬆一點：那是禱告生命最難維持的階段。)我們可以有彈性地選擇時間，但必須讓這禱告時段成為我們的生活規律，它不該是額外的、容易忘記的東西。

哪個地方最適合？

我們需要一個能夠引發禱告聯想的地方，只須來到這兒，在尋求與神同在的路上，即已走了一半。這個獨特的處所，可能只是一張靠窗的椅子，或廚房裏的座椅，也可以是某個房間內特地佈置的「敬拜角」，列車上或房車裏的位子，甚至是你散步時的某一段路。地點的重要，遠超想像。每個人都有自己的「老地方」：足球場、初戀場地、度過精彩假期的地方都是。神聖處所，同樣非常重要——那是天堂向我們打開的一道縫，那兒，或有天使的翅膀輕輕撫摸我們的臉，或有奧祕進入我們的心。這獨特的地方設於何處，並沒有定例：在家、在教堂或在田野上都無不可。然而一旦來到這裏，就請你留下。哲學家巴斯噶(Pascal)說：「人多數無法獨個兒留在房間裏，大部分煩惱就是這樣開始的。」換句話說，此地有必須處理的要務——切勿逃避。

甚麼東西最有幫助？

一旦在家裏擁有私人空間，我們就不免要問，我們還需要預備些甚麼就手的東西？同樣地，這人人不同，是個人選擇。有人喜歡在眼前正中位置放個十字架或其他物件。蠟燭對不同的人意義相近，點蠟燭的動作，也能標誌我們此刻正打算專心致志地禱告。漂亮的東西也合宜，花朵就很常見。我們也可以找來一個小小的錄音機或唱片機，安頓下來，播放合適的音樂。禱告專用的小凳子，可讓你把腿放在下面的交叉上，教人感到舒服、輕鬆。當然，我們須有聖經在手，也可帶著其他靈修書，以助禱告和反省。總之，這是讓我們感到從容自在的處所，此間一切，皆個人所好。在我個人靈修的地方那十字架下，放著一雙陶瓷手掌，是從希臘的拔摩島(Patmos)買回來的。這對攤開的手，象徵著我須要永遠對神敞開心靈，也意味著我要把日常生活中的需要和遭遇交託祂手裏。

關鍵問題

你願意這段專注禱告的時間有規律到甚麼程度？

★ 試試這樣

下面有三種專心親近神的方法：靈修、每日禱告禮儀、不設特定形式的靈修。

- **靈修**通常是指研讀聖經和釋經書，然後藉此進入禱告。釋經書多不勝數，本書後的參考資料列舉了部分。

  傳統上，這段時間是這樣分配的：

  1. 祈求洞察力和智慧；
  2. 閱讀今日要讀的經文；
  3. 細細思想你讀到的經文，看看它要告訴你甚麼；
  4. 閱讀釋經書，再細想；
  5. 讓你所讀、所想觸發新的禱告。

  靈修源遠流長，地位崇高。它大有能力，叫我們通過研究聖經，讓經文中超越時間的智慧與真理進入我們的生活，塑造我們的生命。我們面對聖經，禱告就會自然流露出來。

- **每日禱告禮儀。**傳統上，這叫做「崇拜禮文」，即用一段不太長的時間，有條理地吟唱詩篇、朗讀聖經及誦禱；教會行此達數百年之久。你不用自己發明些話來說，或創造甚麼儀式來敬拜，這些禱文已能把你帶到神面前來。這樣做當然也有危險：我們可能只會心不在焉地重複念誦；可即使如此，也能因而在神面前給牢牢抱住，幾乎全不自覺地就吸收了許多屬神的東西。聖公會的《普天崇拜》(*Common Worship*) 繼承了下面數類傳統：其他的禮儀書，方濟會的《公禱禮文》(*Celebrating Common Prayer*)，以及源自諾桑比亞 (Northumbria) 教會之凱爾特教會的崇拜禮文，這些正是每日禱告禮儀的例子。

- **不設特定形式的靈修。**在這特別預留的時間內，你也可以做下面數事：

1. **集中精神、領受信息、向神禱告**

要讓自己專注，有四個步驟。第一，舒適地坐下，人要清醒而集中；第二，讓自己的身體鬆弛下來，特別要放鬆我們內部最緊張的地方。第三，聆聽周圍的聲音，聽聽近在咫尺的微響，也聽聽遠一點的聲浪。第四，對神開放。

要領受信息，我們可以讀聖經或自己挑選的屬靈作品。聖經是神話語的核心，無可取代。不

過我也會讀一些證道集、詩集、靈修經典或默想作品等書。(請看書後參考資料欄目)

至於禱告，我們可以採用本書或他處提到的任何禱告方法來祈禱。到了某個階段，言語或會變得稀疏，靜默取而代之。這不是問題。但完成整個過程之前，都不要走開。

2. 聆聽音樂、享受靜默

你可能對某種音樂有很好的感應，又或只想靜靜地彈奏這些樂曲，幫助自己進入敬拜、或進行默想。若有需要，就由靜默代替音樂吧。在這段不設形式的安靜時間裏，你也可以用講話、聆聽或觀看的方式來靈修。例如你可以不聽音樂，改為細看一幅畫，或欣賞一件物件。林布蘭特(Rembrandt)的名畫《浪子回頭》(*Return of the Prodigal Son*)使成千上萬的人深得造就，也一度使亨利．盧雲(Henri Nouwen)靈思湧溢，寫成了同名著作。

一個比喻

我們想盡各種方法來禱告，為了甚麼？一位朋友用聖經裏「把房子蓋在磐石上」的比喻建構了一個意象(太七24～27)。我們禱告，就好像在地上鑽洞奠基一樣。開始往下鑽時，我們先得經過沙層，那感覺，正是我們禱告時常有的——了無把握、浪費時間、自己拐彎抹角地愈說愈糊塗。但能堅持的話，我們必有一天到達堅實的磐石層，那就是神自己了。主耶穌教我們以祂為根基。假使我們繼續向下挖，我們就會觸及深層；熔岩噴爆而出，嚇我們一跳。聖靈也一樣。神不但堅實如磐石，祂還是大有能力、飛揚活潑的，祂就是生命的賜予者，祂臨在的力度，會使我們吃驚。

我們禱告，就是不住向下挖，經過自己的軟弱(沙層)，穿越神的實在(石層)，最終也許還會走進聖靈喚起的種種驚歎(熔岩)中，在那兒，神的靈如岩漿噴發、流灑大地，我們也因此得以驚鴻一瞥地領悟到祂神聖生命的喜樂和奇妙。

★ 禱文

全能的神啊，祢為祢自己創造了我們；我們的心躁動不安，直到安息於祢懷中。求賜我們純潔無瑕的心靈和勇往直前的力量，毋容私心情欲攔阻我們認識祢的意旨，勿讓虛怯軟弱阻止我們遵行祢的命令；使我們在祢的光中得見光明，藉著事奉祢獲得完全的釋放。奉我們主耶穌基督之名。

聖奧古斯丁(St. Augustine)

9 以禱告彼此支援

不知道神每天平均收到多少個請求？肯定數以億計。網上空間無時無刻不充滿禱告，全都傳送到那著名的網址 www.Jesus.com 上面去。基督徒叫這種為人祈求的禱告做「代禱」。這是最常見的禱告。其實，提到祈禱，很多人都以為你指的就是這種禱告，忘記了還有許多其他諸如感恩、悔罪和靜靜安息於神等種種方式的祈禱。

儘管這樣，神也會接納我們。我們呈上甚麼，祂便接收甚麼，然後對症下藥地工作。即使我們帶來一籃子的祈求，也許祂還是會說：「來吧。這可是耶穌吩咐你做的：『你們祈求，就給你們；尋找，就尋見；叩門，就給你們開門。』(路十一9)」說實話，我們有時也想從這個承諾獲得些許益處。一個十八世紀的商人就這樣祈禱：「主啊，祢知道我在倫敦城內買了地，最近在阿瑟士郡(Essex)也買了一個區，我請求祢保守京畿到阿瑟士郡一帶，不要讓這些地方遇上火警或地震。其他郡縣，就隨祢怎樣心意處理好了。」

幸而神並不高傲，祂接受並善用我們所有的禱告。有時祂還要下點功夫，才能夠從亂糟糟的禱告中整理出個道理來呢。祂得處理的，可能正是我們的深層需要，而非我們向祂開口禱求的東西。他或會拒絕扮演有求必應的黃大仙，但仍然尊重並使用我們內心深處的禱告本能。

為人代禱之所以重要，因為那是一種愛人的方法。要服事人，沒有再好的途徑了：那就是把對方帶到神面前，讓他們沐浴在神的大愛中。要知道，這是創造和維繫世界的愛啊。所以，說自己為某人禱告，意味著你完全投身地愛著對方，愛到一個地步，你會經常把他帶到神面前來。代禱可不是一片屬靈膏藥，掛在口頭讓你敷衍脫身呢。

為人代求這種禱告的基本理念，就是我們彼此相屬、互為肢體。所以，「若一個肢體受苦，所有的肢體就一同受苦」(林前十二26)。試想想，地球表面如果沒有海洋，整個大地其實是連成一片的。約翰．多恩(John Donne)說：「沒有人是一個島、全然孤獨；人人都是大洲一隅，與大地的核心相連。」所以說我們是互為肢體、彼此相屬的，互相代禱再自然不過，神也因此能夠使用這些禱告。

進一步而言，為世界和其中的人禱告，等於參與神改變世界的偉大工程。這兒說的，可不是找回失蹤車匙、或「美寶阿姨內生腳甲得醫治」這一類的祈求。為世界禱告，使我們有份於神排山倒海的攻勢，一同擊打邪惡，攻克所有毀壞、扭曲或捆綁生命的東西。耶穌在世上工作時，凡惡必反；祂還叫所有門徒(和拉比所有的朋友、親人)都加入這行動的行列。這就是愛的行動。現在我們只須透過禱告，就可以成為其中一分子了。

★ 關鍵問題

身邊親友和他們的處境，或新聞報道中提到的人和事，我們可有關心？可會關心到一個地步，開口為他們代求？

★ 笑一笑

一天晚上，小斌對爸爸說他想要一隻寵物。爸爸說：「對不起，現在不行。但如果你在這兩個月裏竭盡所能地禱告，也許神會送你一個小弟弟。」就這樣，小斌禱告了一整個月，但仍好像徒勞無功，因此他放棄了。

可是，一個月後，嬰兒「終於」來了(小斌確是這樣想的)。他爸爸揭開被子給小斌看——那是一對雙生子呢！他問小斌：「你為了要得個弟弟而祈禱，現在可滿意？」小斌說：「我當然滿意啊！好在我半途就停了下來，你也為此慶幸吧？」

★ 試試這樣

- 為了不忘記任何人，我們會開列一個代禱清單，歷代以來，這方法證實有效。一本小小的記事本就可以了，分成不同的部分：日常人事、特別情況、世界大事、教會等等。清單的長短，由我們自己決定。我比較喜歡短的名單，每次都專心為名單內的人禱告，並把其餘的名字留在靈修時的那個十字架下，或那陶瓷造的手掌(請參閱第8章)，下次再代禱。我們要常常更新名單，否則名字就會多得處理不來。我們可在預苦期、降臨節或其他時候，帶著禱告的心，把這些名字小心地交給神，然後把清單燒掉。
- 我們可在一些特別的地方，諸如廚房的告示板或櫥櫃的門上，貼上寫著不同名字的小紙條。這樣我們就可以突顯、除去、組合或更換部分名字。在半公開的地方，我們就得小心，以免侵犯了他

人的隱私。

- 試試「祈禱之手」。五隻(或十隻)手指，可分別代表一個特別的人，這個人，你打算為他禱告。這樣的話，在任何地方、任何時候，你都可以想起那五個人，為他們禱求，把他們放在「神的掌上」(賽四十九16)。
- 把名字和憂慮分別寫在小卡片上，放到一個碗裏。每天，我們都可以抽出幾張，把它們整天帶在身邊，夜裏放回碗裏。看到那些名字，或感覺到口袋裏的卡片，會提醒我們為他們禱告。
- 我們若要特別記念誰，可以把他們的照片，放在平常禱告的地方。我們可以每次拿走一張，禱告便大大地顯得真切了，因為此時你又再運用了一個感官來禱告。
- 家父用他收到的聖誕卡來提醒自己為人禱告。他每天從一大堆聖誕卡中拿走五六張，代表他已為那些人禱告。畢竟，他跟這些人比較親密，希望用禱告支援他們。
- 想像力豐富的人，可試試其他方法。例如，我們可以想像把代禱對象帶到耶穌跟前，然後退後觀看。耶穌或會把手放在他身上，溫柔地觸摸、擁抱或賜福給他。他們或會說話、哭泣或歡笑。但不要勉強把想像拖長。到耶穌讓那人離開，我們就可以帶來另一個。

- 如果你特別想為某一個人禱告，你可以敬虔地在房間裏點燃一支蠟燭，讓禱告的芳香持續，你須要禱告多久，就留在那兒多久，只要不讓蠟燭燒著別的東西就可以了。

★ 話說從前

一九三八年，一位修士在阿特洛斯山 (Mount Athos) 上逝世。他是個非常簡樸的人，負責主持修道院的工場。在這些工場裏勞動的，是年輕的俄羅斯人。他們會在那裏待一兩年，賺點錢回鄉討老婆、蓋房子或種一點甚麼來過日子。一天，負責其他工場的修士說：「斯洛恩神父 (Father Silouan)，為甚麼你從不監督你手下的工人，他們都這麼出色呢？我們都得花不少時間去管理自己的工人呢，他們常常欺騙我們。」

神父說：「我不知道。我只能告訴你我是怎樣做的。早上我到來時，從不忘記先為這些人禱告，我的心也充滿對他們的愛與憐憫。我走進工場時，靈裏有為他們流的淚。接著我給他們安排每天的工作，並告訴他們，他們工作多久，我就為他們禱告多久。接著我就到自己的房間去，為他們每一個人禱告。我說：『主啊，請記念尼古拉斯。他只有二十歲，離開了家鄉年輕的妻子和小孩。祢能想像那迫使他到這兒來工作的慘況嗎？求祢在他離開的時間保護他的妻小，為他們抵擋邪惡。給他勇氣，讓他今年就能回去，與家人有個美好的團圓。』」

他又說：「開始時，我流著淚、帶著憐憫禱告，但之後，神同在的感覺愈來愈強烈，終於強大得我再也看不見尼古拉斯和他的妻兒和那條村子了。我只專注於神，與祂同在，愈走愈深，直至到達祂臨在的核心，我看見那神聖的愛擁抱著尼古拉斯和他的妻兒。這時我便以神的愛再度開始為他們禱告。就這樣，我每天都為工人輪流祈禱。一天完結時，我去跟他們說幾句話，然後一起禱告，他們回去休息，我才開始自己的靈修課業。」

安東尼．布林，《禱告學堂》

（Anthony Bloom, *School of Prayer*）

10 以禱告結束一天

我們已經來到一天的終點了！步伐慢下來，黑夜到臨；好像車子駛離公路時漸漸減速，又像一艘船緩緩駛進港口。一天完結，我們「回家」了。

對很多人來說，這是祈禱的好時間，因為有很多「東西」可以對神說。要重溫一天，此時尤其理想，我們可以在神的大光中回顧這一天，也許更可藉此加強個人的內省力和提升靈性觸覺。以深思和禱告回望這一天，神的足迹更見清楚，我們也因此更認識自己。

此時，最關鍵的行動正是**反省**——回顧過去、從中學習。聖經的翻譯者羅納德・諾克斯（Ronald Knox）是個非常早熟的孩子，常在夜裏睡不著覺。他四歲時，父母問他失眠時幹些甚麼，他竟憑他那只有四年的「認真」和「人生經驗」回答說：「我躺在那裏想過去的事。」至少，他已然走在正路上了！有人說：「未經反省的生命，不值得活。」這話可能說得有點極端，但這看法是對的，因為我們對個人經歷的咀嚼和反思，正是未來生活的龐大資源。

要回顧一天、反省個人生活，有許多行之有效的經典方法，例如聖依納爵（St Ignatius）所用之法（後面有一章會介紹），就是一例；當然還有別的途徑。最關鍵的是認出每天的「熱點」，看看這一天裏發生過甚麼特別的事情，並仔細思索，探尋深處的信息、領受箇中真理。

除了自省，晚上當然也是我們與神見面、感恩、代禱和說晚安的大好時光！

★ 關鍵問題

你今天的「熱點」落在甚麼地方？你的情感（不拘好壞）何時最澎湃？你回顧這一天，神的臨在甚麼時候最清晰？

★ 試試這樣

- 像看錄影帶那樣，重溫你的一天，依次想想事情怎樣發生——你遇過的人、做過的工作、說過的話、到過的地方、看過的電視節目等等。重溫時，圈定不同的時刻來一個「定格」：你要為美好的時刻感恩，為自己搞垮了的人和事向神道歉，為遇到困難的人禱告，餘此類推。你不必搜索出記憶裏所有的事情，這會很費力。無論怎樣，我們要做的是好好總結這一天，把它帶到神面前來交給祂保守。

- 更粗略地「掃描」一天，搜尋一兩件重要事情（像用金屬探測器掃描一片地，聽搜尋機器發出的反應訊號）。你發現某些熱點，就把它們帶到神面前反覆思考，想想發生了的是甚麼事，你當時為何那樣反應，你內心出現了甚麼感受，你將來遇上同樣的事會怎樣回應。要面對最重要的問題，不可逃避：「神藉著這一切對我說了些甚麼？」
- 可以試試聖依納爵的「省察之禱」（*Examen*）。它讓我們回顧一天，嘗試察驗神的腳步和祂在你內心的工作。那是一個井然有序的自省方法：

1. 首先，靜下來思想神。此時此刻，祂就在這裏。
2. 求神在你心裏光照剛過去的那一天，讓你把一切看清楚。
3. 細細省察那一天，不要只顧回想事件，反要多注意自己的感受。你快樂、傷心、害怕、憤怒、迷惑嗎？最可能因為甚麼呢？通過情緒和感受，神會指引我們。除非有特別的情況，祂的道充滿平安，使人深得慰藉。所以，如果你覺得煩擾，你能不能說出那種不安來自何方？感覺在最上層，情緒緊隨其下，就像波浪下面的水流。然而水流來自何方、又何故出現呢？

正面地想一想，今天有甚麼事情，是你做得好的(一定會有的！)，然後為之感恩。可是，如果你發現自己在甚麼地方偏離了神的道，就要求祂寬恕，請祂重新賜給你力量。

要帶著盼望期待明天，因為神整天都會與你同在，讓你的日子充滿各種可能。

寫靈修筆記

有些人覺得把心路歷程寫成靈修日誌筆記很有用，能夠幫助他們表達感受、模塑經驗。有些人每天都寫一點，有些人在經歷改變的時期、或在退修時才寫。我們可以毫無攔阻地寫下任何想寫的東西。也許我們想捕捉經歷神的剎那，或相反地，想記下靈性上寂寥的時刻。也許我們希望整理內心的世界和流轉的思緒。也許我們希望記起一些說過的話或發生過的事，又或者我們願意記下禱告的內容和任何給我們帶來強烈感受的東西。寫作這種練習本身就很有用，其後重讀也令人著迷：我們能夠因此再看到那一段特別時間內的經歷，神隨即以那兒為起點，在我們身上所做的工作，我們也看到了。此舉所需，不過是一本專用的筆記本和開始寫作的決心。

感到困惑？

現在我們來到一天的終結了。之前的五章都在提供各色各樣的禱告方式，叫你日復一日地祈禱。但你可能會覺得這太似做苦工，也太像流落異鄉了。你不過想多知道一點和靈性有關的問題，結果得到一大堆的祈禱方法和技巧。如果真的這樣，我在這裏要重申下面兩點：

1. 其實禱告是沒有規範的。那只是人與他的創造者的接觸。你能夠怎樣禱告就怎樣禱告，千萬不能勉強。要做你自己，如果你不是你，神就不可以在你身上有甚麼作為了。
2. 在保羅寫給羅馬基督徒的信羅馬書裏，有一個偉大的應許，說到我們禱告之時，聖靈就在我們裏面禱告。祂當然知道自己正在做甚麼。那麼我們為何不放輕鬆一點，隨著祂前進，讓祂為我們打理其中的細節呢？經文記述的應許如下：

> 我們的軟弱有聖靈幫助，我們本不曉得當怎樣禱告，只是聖靈親自用說不出來的歎息替

我們禱告。鑒察人心的，曉得聖靈的意思，
因為聖靈照著神的旨意替聖徒祈求。（羅八
26～27）

禱告是個謎，卻也是極度簡單的；如同所有值得做的事，比方滑雪、算數或訓練小狗，恆常練習一定會帶來益處。

禱文

感謝祢，主耶穌基督，
因著祢為我們贏得的種種好處，
因著祢替我們承受的痛苦和羞辱，
啊，最仁慈的救贖者、朋友和兄長，
願我們能更清晰地認識祢，
更深情地親愛祢，
更忠心地跟隨祢，
每一日。

查徹斯特的里察（Richard of Chichester）

里程碑 2
坐言起行的禱告

「體無完膚」的聖經

> 有一個神學生，找來一本舊聖經和一把剪子，剪除所有關於窮人的部分，也去掉記述神關心弱勢人士的文字，以及描寫神為受逼迫者伸張正義的經句。他為此花了很長的時間；剪完後，那本聖經實際上已經支離破碎，成為一本「體無完膚」的聖經了。

這本書讀到這裏，有些人可能已經覺得不耐煩了。他們也許認為禱告這活動不啻紙上談兵，遠離人生的種種風險和掙扎。祈禱，甚至無異於躲在個人靈性的粉紅濃霧中避難，只不過拿內在的慰藉來取代二十一世紀的艱苦現實。

且看看神學家李卓的話：「真正的靈性不是消閒活動，說的不是從生活中偶開小差。靈性，本質上是一種革命。只須細察其可行與否，就曉得它是真是假了。」或看看另一著名神學家卡爾·巴特(Karl Barth)的話：「合上禱告的手，就如揭竿起義，與世界的亂局抗爭。」我們的禱告與行動，可謂息息相關。在安靜的個人宇宙裏愉快禱告、對社會的需要和痛苦袖手旁觀是不夠的。

原因很清楚。與活著的神接觸，必定驅使我們坐言起行，就像耶穌與祂天上的父親密切無間，這種密切促使祂醫治未癒的心靈、撫摸被孤立的人，或走到被丟棄的人中間與他們相遇。祂的信息並非關乎一己之滿足、一人之自我實現、或提供醫治某個人的方法，反與那個充滿公義、悲憫與和平的國度息息相關。祂周遊列鄉，隨時宣告這屬神國度的來臨，祂還邀請周圍的人加入這偉大的事工。祂帶來的不是一張屬靈的軟牀萬用被，而是靈命的鬧鐘。

這與禱告有何關係？

- 看新聞，你可以直接為世事禱告。試想像一下人負出的代價有多大。禱告中若遇到頑抗和混亂的情緒，你可以跟神或自己理論理論。像雅各在夜裏跟神人打架一樣，可別放手啊！
- 聆聽你內心那使人躁動的微小聲音。它催迫你繼續做點事，跟進眼前的一些情況。那麼，就讓環境污染危機帶領你加入地球之友的行動吧，讓市內露宿者感動你到收容中心幫忙吧，讓一個絕望的朋友促使你參加「怎樣聆聽」一類的課程吧！

- 禱告的威力很大。和平使者但以理．勃陵根(Daniel Berrigan)說：「時候將到，說不定已經到了：默想禱告將要被視為顛覆活動。」馬丁．路德．金(Martin Luther King)談到基督徒的角色時也說：我們有必要與社會上流行的觀點「有創意地格格不入」。那是因為真正的祈禱能夠將靈魂上結成焦塊的那一層自欺挪開，淨化我們的思想和心靈。禱告能夠還原我們無遮的屬靈生命，我們也許能夠在那兒找到資源，與不公義的事情抗衡。
- 為有需要的人禱告時，我們也要堅決自問：「我該做些甚麼，以配合自己的禱告？」那可以是送上一張慰問卡，讓對方清楚知道你的愛和代禱；或為正在面對壓力的家庭做一頓飯；或拿對方的衣服回家逐一熨好；或單純地上門探訪、聆聽。某些情況下，你所能做的不多，但無論如何，你每次都要問這個問題。
- 你讀福音書中耶穌的生平時，試藉著「神的國近了」這核心的福音宣言的亮光來認識祂。如果你能看出這句話裏面隱含的、對社會和政治的挑戰，你對福音書的體悟必煥然如新，也必更能領會耶穌提出的警告。對世界來說，這叫耶穌的人是個威脅，到了今天，祂的跟隨者也該有一點點相同的威力吧！請參閱查理．歐立德(Charles Elliott)的經典著作《願祢國度降臨》(*Praying the Kingdom*)。

教會又怎樣呢？

> 教會要有未來，就得成為一個抗爭的社羣，而非抱殘守缺的宗教團體。
>
> 羅伯特．傑佛理 (Robert Jeffery)

> 世界本是神聖而美好的，今只是扭曲、變形了，正因如此，人間也總有從邪惡力量收復的世外桃源，是為得贖之處、自由之地。教會正是萬有之中一片得贖之土。它不是沉淪世界裏面的避難所，而是讓我們先嘗救贖滋味的好地方。
>
> 李卓

小屋意象

法考勒德的查爾斯(Charles de Foucauld)弟兄創立了「耶穌的北非小弟兄」修會。他住的小室，形狀像一輛重型貨車，他稱之為「護航船」。屋子的一頭擺放了祭壇，那是個粗糙的木箱，上面躺著一本翻開的聖經。另一頭是從不關閉的進出口，人人可以自由出入。他說，小屋子的兩頭都能讓他朝見神：這一頭在祭壇上敬拜，那一頭呢，他看見鄰居，如見上帝。這屋子的設計提醒他，禱告的目的就是服事世界。(最後，查爾斯弟兄就是被他所服事的當地人殺死的。)

★ 禱文

神啊，願祢獨一無二的平安，
托住人間與天堂，以遂祢的心意。
願祢大愛的意旨，
光照我們憤恨悲痛的荒地，
賜祢的教會以平安，
賜列國以平安，
賜吾家以平安，
在我等心靈，亦以平安相賜。

《新西蘭祈禱書》(*New Zealand Prayer Book*)

頌辭

此刻我要頌讚祂

不容我們失足跌倒

從絕望幽谷祂把我們扶起，提我們到明亮的希望之巔

從無望的深夜把我們帶往歡樂的清晨

願能力和權柄全歸於祂

永永遠遠

馬丁・路德・金

第三部
好好練習

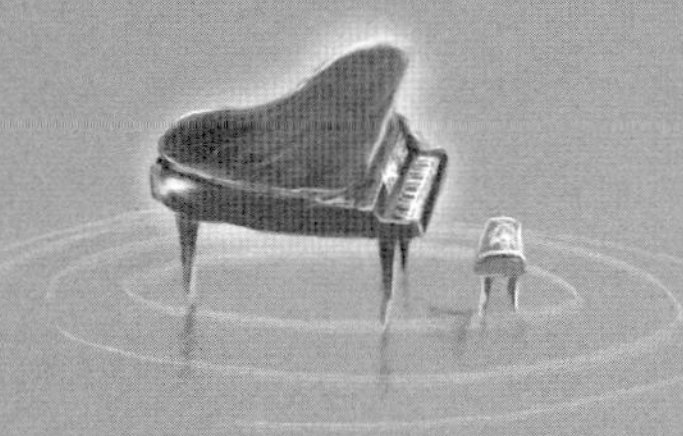

11 經文之禱

——用聖經的話禱告

初信基督教，一個最大的發現，就是聖經充滿生命力，且和我的人生息息相關。我在聖經裏找到美麗的段落和振奮人心的應許（我指那些我看得懂的），讀起來其樂無窮。基督徒早就知道了的，我現在才急起直追開始學習呢。「聖經是有生命的，它向我說話；它有腿，總追著我；它有手，會抓住我。」偉大信仰改革者馬丁路德（Martin Luther）提出的這個概念，教會一向知道，但經常忘記，他這話，正正反映了「神的道是活潑的，是有功效的，比一切兩刃的劍更快」這真理（來四12）。

聖經是基督徒的基本手冊，不可或缺。它談及誡命，卻不是條文本子；它雖然載有很多實用可行的意念，卻不是宗教技巧天書；它雖向神學家提出不少難題，卻不是給初信者的暗碼。聖經基本上是描述「關係」的書，講的是神與祂任性的子民的關係，以及神為了修補、發展這關係所做的一切。無可置疑，它對我們的禱告生活極有價值，因為禱告就是我們與神之間的關係，是愛與忠誠、掙扎與失敗、發現與喜樂的舞台。

即使我們難以完全理解或同意聖經的話，它畢竟是禱告的伴侶、是我們喜愛與信任的朋友。一直以來，我們都藉此認識自己與它神聖的原作者：祂是編劇，也是導演，我們一面演繹自己的角色，祂一面增補劇情，祂能夠令所有的演員都發揮得淋漓盡致。

我們讀聖經，不光為了學問，更為了禱告。

★ 關鍵問題

你有沒有經常依照經文來禱告？

你有沒有嘗試把你的禱告安放在這些經文上？

如果有，你有勇氣迎接更具挑戰性的嘗試嗎？

★ 試試這樣

- 第8章（〈專心致志的禱告〉）介紹了一些閱讀聖經與禱告的簡單方法：靈修、每日禱告禮儀和不設特定形式的靈修。如今是時候重新閱讀那些建議了。
- 從前一天夜讀、或今晨早讀接觸到的經文中，找出特別感動你的那一節，作為座右銘。你可以經常從心靈中把它抽出來咀嚼，並將它應用到生活

上。它會提醒你神與你同在，不同種類的經文分別能夠鼓勵你、誘發你的靈感或挑戰你。

例如你正在閱讀歌羅西書三章，你可以選用下列任何一節：

「要存憐憫、恩慈、謙虛、溫柔、忍耐的心。」

「倘若這人與那人有嫌隙，總要彼此包容，彼此饒恕；主怎樣饒恕了你們，你們也要怎樣饒恕人。」

「要叫基督的平安在你們心裏作主。」

「所以，你們若真與基督一同復活，就當求在上面的事；那裏有基督坐在神的右邊。」

- 「靈閱」（"*lectio divina*"）——這個用聖經禱告的方法，許多人都試過、也證實有效。它由四世紀開始就有了，隨即在北非最早期的沙漠教父羣體中發展起來。其後更在聖本篤（St Benedict）的社羣中成為經典。發展到今日，它的形式，以下列三個詞語來總括，最為到點：

1. **閱讀**。研習保羅書信、欣賞詩篇、或重溫馬太福音五至七章中登山寶訓的時候，你可以取出一個段落。你要專注地慢慢閱讀，直至一句話、一個字，甚至一整節逮住你的眼睛。不要以為這會花很多時間！這句話突如其來，要求你認認真真地對待它。

2. **思考。**這時候你要默想，或細細咀嚼這一小段文字。再三閱讀，讓它在腦海裏翻來覆去；從不同角度觀看，又再重複，慢慢地吸取其中的精華。這個思考的過程，使句子的含意從你的腦海沉澱到心底。不要用強，只要讓字句的要義在你裏面自然地冒出來。品嘗其佳美之處。
3. **回應。**沉思自然地停止時，就你的想法和理解禱告。你或會感恩、道歉、在神面前決志、與祂一起推敲某些事、或單單把你的重擔安靜地交上。直至這一切完成，不要離開。

接著你可以繼續閱讀那段落，等待下一句觸動你的話出現。如果你有時間，可以不斷重複整個過程。但以我所知，這樣禱告，要求高度精神集中，不能一直重複多次。用這個方法讀完整本聖經，可能需要一輩子的時間呢！若你不打算重複這三個步驟，你可以進入第四個——即最後一個狀態：

4. **休息。**這是禱告以後的靜止階段，無言無語，由沉默和休息主導。第17章（〈沉浸於安靜〉）和第18章（〈靜境的深探〉）有更多關於這種靜止狀態的討論。

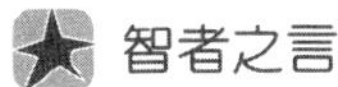

默想聖經能夠提供格外理想的心境，讓神對我們說話，引發我們的回應，它們可能是甜蜜的專注、感恩、痛苦、渴求、關懷、奉獻、提問、悔罪、信任、交託、承諾。

馬丁．史密斯（Martin L. Smith）

話說從前

坦桑尼亞(Tanzania)的一條村子裏，有一個婦人，常常拿著一本笨重的聖經，永不離手。村民經常取笑她：「為甚麼要是聖經呢？這世界還有很多其他書可以看啊！」每一次，婦人都只是微笑，繼續拿著她的聖經。終於有一天，村民又嘲笑她。她就在他們中間跪下，雙手將聖經高舉過頭，燦爛地笑著說：「是的，世間確有很多書我可以看。可是，只有一本書能夠看得透我！」

因此，我們相信聖經能夠引導我們進入禱告。

禱告的主

在路加福音十一章1至13節，我們可以找到一些關於耶穌在禱告上的經典教導。主的禱文讓我們學習堅持與期望，大具智慧。同樣地，馬太寫禱告的部分，主要在馬太福音六章5至15節。其中包括了主禱文，也包括耶穌教導我們禱告的模式，與關於寬恕的重要性講話。

福音書中，有不少地方可讓我們窺見耶穌如何禱告：自己一個人在山上禱告（太十四23）；多在早上禱告（可一35）；視禱告為惟一能解決某些問題的方法（可九29）；還有如何在極度緊張的狀態下禱告（路二十二40～44）。約翰福音十七章寫的則是耶穌持久的禱告，均可作為範例。

耶穌的一生，建基於祂與父神親密的關係，恆常的禱告是不可或缺的，這一點非常清楚。藉著禱告完全倚靠神，是祂人生的根基。

★ 禱文

賜福的主，祢賜下聖言，使我們得以學習：
求祢使我們可以聆聽、閱讀、留心、認識、深入了解祢的話語。
如此，我們在耐心等候中、在祢聖言的安慰裏，可以永遠緊握永生的盼望，就是祢藉救主耶穌基督賜給我們的。

上星期聖三主日後的禱文

12 進入歷史向主說話

——依納爵的禱告

要向主耶穌深入禱告，可試用「依納爵默觀法」(Ignatian meditation)。此法以耶穌會創辦人聖依納爵·羅耀拉(St Ignatius Loyola)命名。近年來，這種直接進入聖經史實的禱告方式，在不同類型的信徒羣體中大受歡迎，因為它比一般禱告方式深入、有力、且更能讓信徒經歷神——這樣祈禱，不光啟動我們的理性，更讓我們全人投入，與基督相遇。

這種禱告方法的精要，就是運用個人的所有感官，即帶著我們的視覺、嗅覺、觸覺、聽覺和味覺進入福音書記載的場景。我們設身處地地參與當時的一切，呼吸到迦百農海邊的空氣，感覺到頭頂那猛烈的陽光，觸摸到周圍的人身上那些勞動衣褲是何等粗糙，甚至看得見人的面容。我們已然處身故事中，一一經歷當時的一切，不再是那個止步於閱讀的局外人。這樣一來，我們就能夠跟耶穌面對面相遇，彼此的交談因此成為彌足珍貴、親暱無比的禱告。

這種禱告境界，不是每個人都能夠順利進入的，起初不免讓人覺得近乎胡思亂想或矯揉造作。事實上，這種方式並不一定對你特別有幫助。不過，堅持試行一段時間卻是值得的。到我們克服了那種不自在的感覺，學會放鬆的時候，它能讓我們對自己和對神都有許多新發現。

★ 關鍵問題

你可是活著的呢？你若活著，你不同的感官必然在自動運作、幫助你理解周圍的事。它們讓你在許多層次上接收處境的實質。要進行依納爵式祈禱，所需條件不過如此——最多要求你比平時多花一點時間而已。

★ 試試這樣

舒舒服服地坐好——用最適合你的方式（可看第8章），挑一個聖經故事，慢慢地、專注地讀一次，然後放下聖經，閉上眼睛重溫一遍，重溫時要儘量張開你的感官、進入當時的場面，看看那些人，聽聽他們說話的內容和語氣，留心他們的反應，觀察他們的身體語言，注意你自己的感受等等。

來到故事的末段，你也許可以靠近主耶穌(當然，這個故事中要有祂)，跟祂談談剛才發生的事和這件事對你的影響。告別耶穌、慢慢離開這個處境之前，要儘量延長這一段對話(禱告)。重新反省你今天學會了甚麼，領悟了甚麼，然後為此感謝神。

實例：耶穌醫治癱子（可二1～12）

你坐在那間房子裏……人多得很哪……人們不斷擠進來之際，你要四面看一看，感覺一下你旁邊那人身上粗糙的衣服……他們的表情……屋裏很悶、很擠，光線也不夠……可大家的臉都向著那一邊……沿他們的目光看……看看他們盯著的男人……你注意到甚麼？……細心看……祂給你甚麼樣的影響？

現在聽聽祂在說甚麼。祂是怎麼樣講話的呢？聲音大還是小？語氣從容還是急迫？祂可有莞爾、大笑、皺眉頭？再看看周圍的人，他們有甚麼反應？

一陣響聲……屋頂怎麼啦？發生了甚麼事？……你看到甚麼？……屋裏的人看見正在發生的事，一般有怎樣的感受？觀察那個癱瘓的人給吊下來時微細的動靜……原來坐在下面的那些人，現在怎樣了？……回頭看看正在教導人的耶穌……祂看著這事發生，可有甚麼反應？……他覺得有趣、陷入沉思還是張手歡迎？——還是甚麼？

癱瘓的人現在已經躺在地上了……細心觀察他的表情、他的殘疾……你注意到甚麼？……那些把他縋下來的人……如今在甚麼地方？他們在做甚麼呢？……耶穌很認真地在跟癱子說話……祂在說甚麼呢？……祂這樣說話，你覺得奇怪還是很自然呢？

請注意，角落裏一小幫人躁動起來了……他們是甚麼人？你見過他們沒有？……他們好像很不服氣呢。為甚麼？……看看他們的身體語言……也請看看耶穌的臉……祂再度跟他們說話了，語氣堅定……聽聽他們的唇槍舌劍……留心室內的氣氛……現在耶穌對躺在地鋪上的人說話了。聽聽祂講話的語氣……看事情怎樣發展……看那個人把地鋪捲起來，穿過人羣半信半疑地離開了……

屋裏爆發了一陣騷動，人人都驚訝於眼前的情景，深感興奮，話說個不停……你受耶穌吸引，小心穿過人羣，朝祂走去……耶穌好像正在等你呢……祂看著你……你在祂的臉上看見甚麼？……你覺得怎樣？……你想跟祂說甚麼？……是求原諒？求醫治？還是甚麼？……祂怎樣回答你呢？……用甚麼語氣？……你對祂的話有甚麼反應？……別急著結束這次的對話……時間凝住了……你想跟祂說多久就說多久……

是退出的時候了……時間又流動了……穿越室內的擁擠人羣……走進室外夜間清涼的空氣中……站在那兒，或輕輕步行離開，無論怎樣，記住你剛才所見所聞……牢記和反思……那是很重要的……你會就此做點甚麼嗎？

現在靜一下，於神的臨在中好好安歇。

聖依納爵．羅耀拉

伊尼高．羅耀拉（Inigo Loyola；編按：聖依納爵的原名）是一個西班牙貴族，自小在上流社會接受軍事訓練，後來成為軍人。可是，在一五二一年，一次龐博龍納城（Pamplona）被圍，他腿部受傷，復原期間決定重新選擇自己的事業。那時他大約三十歲，讀到基督和其他聖徒的生平事迹，決定委身事奉基督、服務他人。他先到耶路撒冷朝聖。兩年行程中，他把對自己有幫助的種種禱告、默觀方式記錄下來，成了世界名著《聖依納爵神操》（*Spiritual Exercises*）的藍本。作品所載，正是充分運用上述方法進行的禱告。

依納爵來到耶路撒冷才兩星期，就發現自己要學習的東西還有很多，隨即開始了他長達八年的精研苦修。這段日子裏，他一度經歷宗教法庭的審裁；到了一五三四年，他和一些友伴立誓一生過簡樸生活、盡力服事他人，自願在任何情況下效忠於教皇。這個十人羣體在威尼斯按立為神職人員後，來到了羅馬。一五四〇年，他們正式列入教廷憲章中，稱為「耶穌會」。教皇發下的這一道命令，最特別的地方，是他們不必困守於修道院內，可以到任何地方回應他人的需要，做該做的事，隨時多方向神禱告。他們在萬物之中「看見神的臨在」，依納爵在耶穌會的憲章裏說——無論甚麼羣體、甚麼地方、甚麼事情發生了，那兒都有神。

耶穌會這個羣體發展得很快，不久就遍布歐洲、遠東、拉丁美洲各地，集中做福音傳播、靈性引導、一般教育和救死扶傷等工作。一五五六年，依納爵離世，此時耶穌會已經有了非常穩固的根基。他送給教會和我們屬靈生命許多永恆的禮物，通過想像和默觀進入聖經禱告的這種方法，只是其中之一。

13 與社羣同心禱告

——本篤的禱告

禱告常常好像會讓人感覺孤獨。沒有人看見、私底下進行、隱祕，須要獨自完成。但其實我們從來都不是獨個兒禱告的。每個時刻，都有千千萬萬人在禱告，禱告的大河永遠向著神奔流，我們的祈禱只是其中一顆小水滴。即使我們留在自己的房間內安靜禱告，也會有來自世界四面八方的人與我們一起仰望神。

説到這裏，我們不妨再深入一點。其實，我們跟天上的社羣也是結合在一起的。他們的快樂，就是恆久地讚美神，享受祂的同在。如果我們覺得自己形單影隻，在運動場上孤獨地進行屬靈長跑，別忘了，看台上有無數已經成聖的人為我們打氣。禱告永遠是合作的行動。我們的禱告，只是那充滿天國的讚美和代禱的大合唱裏其中一個小小的歡呼。

我們看看那些宗教羣體就知道了。修士和修女一起為世界祝禱，代表世人向神祈求，這不啻在我們的腳下鋪開一張巨大的軟氈。他們每天聚集六、七次，純粹為了禱告。他們也做許多其他工作，如接待客人、庇護弱者和進行輔導，但他們主要的工作是禱告。這是他們的專業，而他們總是攜手進行的。

這兒有一個很重要的教訓。獨自飛行的基督徒總會失事。他們企圖隻身衝上雲霄，但最後總被太陽或自己靈裏的傲慢燒焦，盤旋墜毀。基督教信仰告訴我們，我們須在這漫長和危險的旅途上互相扶持。每個人都肩負著彼此關顧的責任。因此，從初期教會開始，基督徒便聚集在一起，先在北非的沙漠，接著在聖本篤思想的啟發下創立的修道院裏，然後在修道院不同的延伸羣體中，如熙篤會(Cistercians)和方濟會(Franciscans)等社羣內；時至今天，則成了探究現代羣體生活的新羣落，艾奧納和泰澤社羣，就是例子。

當然，最常見的基督教社羣，是遍布全球的地區教會。在這裏，神國度的價值觀，天天見證祂。我們就在這裏明白到禱告的重要，學習屬靈旅程的第一個規則如下：我們是一**起**上路的。

★ 關鍵問題

你認為自己是個孤立的信徒，偶然跟其他孤

立的信徒聯合，還是信徒家庭中的一員，偶然獨自行動？

試試這樣

- 信仰羣體最基本的靈糧，就是公禱，即「每日崇拜禮文」。聖公會的晨禱和晚禱，就是修道院社羣七種日課的餘緒。嘗試實行一種課業至少兩星期(重溫第8章〈專心致志的禱告〉)。你需要時間去投入這種課業的節奏和體會它的力量，其中之一，就是知道自己正與無數人一起朗讀同一段聖經，念誦同一篇禱文。
- 下面的問題是關於你所屬教會的。試問自己：
  1. 這教會的「禱告文化」如何——會友禱告的情況如何？
  2. 這教會的靈性核心在哪裏——認真禱告的焦點放在甚麼地方？

  然後參加這些聚會！(這些問題，你去問問牧師或傳道人也有幫助。)
- 幫助你的教會更認真地看待集體禱告。例如你可以鼓勵教會做下面這些事。這些事你不能獨自完成，但你可以提問、鼓勵別人參與和出手相助。你的教會可以：

1. 組織祈禱小組——以一小時為限，要由思想活潑的人領導，形式多樣化，且充滿期待。
2. 在敬拜中勇敢地插入更多的代禱（可看參考資料），並訓練弟兄姊妹這樣做。
3. 舉辦一連串小組課程，例如於默禱中觀見基督、為社會公義禱告，或藉著創意藝術作品祈禱等（參第9章）。
4. 串聯「祈禱鍊」。一有禱告需要，祈禱鍊就啟動，由一人致電名單上的另一人，直至所有參與的人同心合意地禱告。
5. 在教會的禮堂或其他地方設立一個禱告室，以一星期或預苦期為限。在那裏大量放置幫助我們禱告的東西：漂亮的東西、聖像、禱告專用的凳、有關書籍、美術用品等。讓這地方成為禱告的「聚腳點」。
6. 成立晚禱會。一週內，不同的晚上可有不同的禱告方式：泰澤、艾奧納、 靈恩或「另類敬拜」皆可。大家都渴求更富新意、更有想像力的敬拜，卻不一定只想在星期天晚上參加聚會。
7. 試在教會裏舉行「禱告調查」，問一些基本問題，看看會眾需要甚麼東西來幫助自己禱告。最簡單的做法，可以在聚會時派發卡片讓大家填寫，

一面是讓他們寫下教會現時如何幫助他們禱告，另一面則寫下教會將來可以怎樣再幫助他們。

話說從前

老喬治很久沒有在教會露面了。一個寒冷的晚上，牧師去看他。牧師來到，坐在火爐旁邊的椅子上，面對著喬治。牧師一向寡言，這一次的話更少。他們安靜地對坐了好一陣子。接著，牧師彎身向前，用火鉗子鉗起火堆裏一塊正在燃燒的炭，小心翼翼地把它放到火爐邊。他們一起看著那一塊炭爆裂、悶燃，最後熄滅。沒有人說話。接著牧師說他要走了，就起身離開。星期天，喬治又回到了教會。

聖本篤

本篤是西方修道院生活之父，約生於公元四八〇年的意大利，父親是一位富有的地主。他在羅馬完成學業，卻被城市紙醉金迷的生活嚇怕了，去了羅馬東面四十里的索比亞高（Subiaco）追求靜修生活。對於怎樣安排靜修的日子，他漸漸有了清晰具體的概念，因此他決定在附近成立修道社羣，以驗證他的想法。他創立了十二個社羣，每個由十二人組成，由一位父輩院長來管治。

這種刻意組織起來的羣體修道生活，對很多人來說，是一種挑戰，因為修士習慣流浪生涯，生活方式非常自由。由於當地人反對，本篤移居到蒙地卡仙奴(Monte Cassino)山頂一所廢置了的異教寺院，在那裏建立了修道院，該修道院至今仍是世界各地許多本篤會修道院的總部。

在那裏，他寫了「起步者的小規則」，後來在歐洲成了最具影響力的修道生活藍本。聖本篤的原則是反對修行者過分禁欲和孤立，提倡開明自律的羣體，嚴格但人道地實行清苦、貞潔、順服的自治生活。修道院一天的生活包括數次在禮堂聚集禱告、一起守聖餐、安靜地讀書、耕作、接待訪客和做慈善工作。這種制度全面照顧修士的靈性、智慧和身體，自創立以來，一直被視為最平衡和最具吸引力的修道生活典範。

本篤大約在公元五五○年離開世界，然而他已留給整個西方世界一份莫大的禮物，那就是有組織的修道方式，以及基督徒羣體生活制度。時至今天，這對基督教地區社羣和教會來說，依舊是無可取代的基礎。

聖本篤的禱告

仁慈、聖潔的父啊，

藉著聖靈和我們主耶穌基督的大能，

求祢賜下智慧，讓我們能夠領會祢，

賜下聰明，讓我們能夠明白祢，

賜下勤奮，讓我們能夠尋找祢

賜下耐心，讓我們能夠等候祢，

賜下眼睛，讓我們能夠看見祢，

賜下心靈，讓我們能夠默想祢，

賜下生命，讓我們能夠宣講祢。

14 與內心的感情一起禱告

——法蘭西斯的禱告

有時候，我們竟然會擔心一些人對信仰的表達變得「太有感情」，實在好笑。可是，在今天的文化裏，我們若在足球場的看台上浪費一整個下午，像一個五歲的孩子那樣叫喊，或向神明許願說如果所愛的球隊射入一球，就會把下一周的薪金全部捐給愛護狗隻協會，卻被視為正常。

情感人皆有之，再正常不過，且是不可或缺的。但正如俗語說：「英國人似乎也喜歡上教堂，像走進浴室那樣，不慌不忙，也從不說清楚是否身不由己。」(譯按：作者是英國人) 對那些在敬拜過程中受到感動、大發熱心或發笑 (真是再差勁也沒有了) 的人，會眾都會皺起眉頭，以示不滿。但是，到底發生了甚麼事？神真的那麼嚴肅，以致忘了當初把我們創造成有幽默感的人嗎？面向設計扁喙鴨嘴獸和三趾樹懶的這位創造者，我們若因祂的俏皮念頭會心微笑，會開罪祂嗎？

一次跟朋友談起基督徒最珍貴的素質，大家都認為非「**熱情**」莫屬。如果人對信仰的心依舊熱切，那麼他心裏的火一定仍在燃燒，神也仍可在其生命中隨意行事。但如果基督徒已變成半溫不火、甚麼都講究「中庸之道」，那神聖的老虎很可能已經困在籠子裏，給遺棄在花園的一角了。

亞西西的法蘭西斯(Francis of Assisi)是世上數一數二的熱情基督徒。無論面向甚麼，像大自然的美、基督的愛、或一個窮苦乞丐的需要，他都會傾盡全力、全心全意地回應。他對任何事都盡情投入；真的，有時候甚至過了頭。但他知道，他寧願被感情的大火吞滅、毫無保留地為一切獻出一切，也不願意因廢置而生銹、因吝嗇而一無所有。

對美的憬悟和愛，法蘭西斯的反應尤其強烈。偶然，我們也會被良辰美景震懾，為陽光滿溢的草原、遠方的山峯、調皮的小狗或風鈴草樹林暫時停住腳步。但有些人卻只會匆匆趕路，盲目地與旅鼠(編按：一種生活於寒冷北方地區、會集體遷移的動物，牠們有時會因走錯路而「集體自殺」)族羣認同(「人人都這樣，錯不了，我們一定總有甚麼地方要去吧」)，對身邊的一切視而不見。有些人更嘗試把個別的經歷放在瓶子裏，向別人賣弄(「來看看我們的錄影帶」）。但是，另一些人則會留駐於那種感悟之中：讚歎、榮耀那一刻和它的創造者。

伊利沙伯．布朗寧（Elizabeth Barrett Browning）一語中的：「地上充滿著天堂，每個平凡的樹叢都因神燃燒著，但只有看得見的人才會脫去鞋子。別人則只知道閒坐樹旁，採摘黑草莓。」這種對奇妙事物的悟性就是關鍵。奧運短跑選手李愛銳（Eric Liddell）的故事，改寫成電影《烈火戰車》（*Chariots of Fire*）。李愛銳的姊姊問他打算怎樣運用他的一生，他說：「我知道神要我去中國（作傳教士），但祂也讓我跑得快，我跑的時候**感覺**到祂的喜悅。」他驚歎自己所得的恩賜，從生命的深處回應了神。

另一種引動我們深層感應的恩賜是愛。知道自己被愛，等如打開了內心巨大的寶藏，讓它在我們的整個生命裏沸騰，壓也壓不住。法蘭西斯沉思基督的十架，深深地回應了那種愛，以致身體出現了聖傷——基督的傷痕。那種深深被愛的感覺，令法蘭西斯和無數基督徒向世界展示了他們那充滿愛的生命。

憬悟與愛，是激情信仰的標記，也是進入禱告的開敞之門。

關鍵問題

我們恐懼自己的信仰與激情同步飛翔嗎？即或如此，又有甚麼不妥呢？我們就不能夠試試豁出去，以感受主的喜悅嗎？

試試這樣

- 容許自己為那些叫人屏息靜氣的事物停下腳步。不要刪削那些充滿憬悟和驚喜的時刻，反要停下來享受那些經歷，為此感謝神。這是須要操練的！每天開始時，求神幫助你，打開你的眼睛。
- 在前面放一個十字架，細想神特別賜給你的愛，或默想以賽亞書四十三章1及4節：「我曾題你的名召你，你是屬我的……我看你為寶為尊；又因我愛你。」慢慢咀嚼這話，讓它進入你心靈的深處。
- 嘗試在戶外禱告，尤其是在接近大自然的地方。細細觀看我們慣常忽略的花朵、大樹和叢林。接觸、撫摸它們的質地，感受大自然生命的脈動，然後深深地感恩。你可以撿起幾件小東西——樹葉、石子、木片，把它們放到你禱告的角落，用以標記神博大的創造。
- 你一定認識一些人，他們正在受苦：疾病、親人離世、沮喪、挫敗、悔恨或經歷不公對待……用想像力把其中一些人帶到十字架前（不要帶太多），與他們一同坐下。讓事實真相自行依次揭示……（譯按：此處指的是在代禱中記念他們）

- 開始禱告時，求神賜下絕對的誠實和充滿激情的信心。禱告中要真誠無欺地表達愛、憤怒或焦躁等感受。千萬不要做那些只會說政治正確禱文的「好基督徒」。禱告時要真情流露、竭盡所能，全情投入地祈求，專注地關心別人。

★ 智者之言

熱愛神的創造，熱愛萬物和其中每一粒沙子。熱愛每一塊樹葉、每一道神的光輝。熱愛動物，熱愛草木，熱愛一切。若能熱情地愛萬物，你必能夠從中領略到神聖的奧妙。一旦領略到了，你就開始日益深入地明白這一切。

杜斯托也夫斯基，《卡拉馬佐夫兄弟》

（Dostoevsky, *The Brothers Karamazov*）

★ 話說從前

「費恩，上帝先生不愛我們。」她猶豫地說。「祂真的不愛。你知道，只有人會愛。我愛波西（她的貓兒），但波西不愛我。我愛那些蝌蚪，但牠們不愛我。我愛你，費恩，你也愛我，是嗎？」我再緊緊地擁抱她。「你愛我，因為你是人。我是真的愛上帝先生，但祂不愛我。」

這話聽起來像喪鐘的聲音。「真不該，這種話！」我想。「人間為何要有這樣的慘事？現在她甚麼都沒有了。」但我錯了。她的雙腳，已堅定地站在下一塊踏腳石上。

「不，」她繼續說。「不，祂不愛我，不像你愛我那樣。那是不同的，那是大千倍萬倍的。費恩，你看，人只能在外面愛你，只能在外面親吻你，但上帝先生可以在你心底愛你，上帝先生也可以在你內心吻你，分別就在這裏。上帝先生不像我們；我們有一點點像上帝先生，但現在還不太像。」

巴巴斯．費恩，《上帝先生，這是安納》

（Papas Fynn, *Mister God, This is Anna*）

亞西西的聖法蘭西斯

法蘭西斯生於一一八一年，是意大利富有布商的兒子。他年輕時過著相當世俗的生活，在一次內戰中淪為階下囚。他曾病得非常厲害，此後，經過深切反省，他覺悟前非，選擇過儉樸生活，關懷疾苦。他因工作需要出售父親部分的布匹，一度為了賠償，在市集廣場上脫去衣服，送還物主，此事廣為人知。到了此時，他已無後顧之憂，開始奉獻一生以傳揚福音、照顧病人。

法蘭西斯火熱的生命引來了許多跟隨者。他覺得跟迅速增長的修士羣落合作，十分困難。他只求竭盡所能過效法基督的生活，活生生地見證福音，他熱愛大自然和其中的生物，視之為神的家庭成員。法蘭西斯終生在教會只任執事一職，但對於教皇、主教和其他教士，都非常尊敬。

法蘭西斯把修士會交給伊拉阿斯修士(Brother Elias)管理，抽身踐行最初的呼召。去世前數年，他創設了戈理馳奧(Grecchio)的聖誕馬槽聖景，並寫了見證，加到他的著作《首要誡命》(*First Rule*)和著名的《太陽頌歌》(*Canticle of the Sun*)上面去。他死前最重要的事迹，是一二二四年，在艾爾維拉山(Mount Alverna)上，他的身體經歷了聖傷。那時他患了胃潰瘍，病入膏肓，且失去視力，在亞西西去世時只有四十五歲。雖然如此，他專心致志地信靠神，他對神那充滿喜樂的回應、對自然世界和病人、窮人的顧念，仍極具吸引力，影響非常深遠。

太陽頌歌（節錄）

讚美祢，我的主，也讚美祢所造的萬物，尤其讚美太陽大哥，他帶來白晝，照亮人間。他美麗、光芒，燦爛無比：祢是至高無上的主，他反映了祢榮耀。

讚美祢，我的主，為月亮姐姐和許多的星星。在天上，祢把她們塑造得那麼明亮、珍貴而清秀。

讚美祢，我的主，為了清風弟弟、為了空氣、雲彩、朗淨的天色和一切其他的氣候。藉著他們，祢滋養萬物。

讚美祢，我的主，為了水妹妹，她能幹而謙卑，珍貴而純潔。

讚美祢，我的主，為了火哥哥。祢藉著他照亮黑夜。他漂亮而歡喜，雄偉而強壯。

讚美祢，我的主，為了我們的大地姐姐，她支撐、管治我們，出產不同的果實、彩色的花兒和香草……

讚美稱頌我的主，感謝祂，以大大的謙卑事奉祂。

15 把日常生活帶進禱告
——凱爾特人的禱告

某些人有個傾向，就是把禱告歸入無線電文藝專台或《星期日精選》一類的節目中。他們認為禱告極其專業，最好交給專家。橫跨A1公路的一道天橋上，曾有這樣的塗鴉：「預備朝見你的神——可穿晚裝。」

可是，誰打算從禱告和基督徒生命的一壘起跑，然後繼續前進，都會知道我們是在生活的核心與神相遇的，不會把祂推到邊緣上去。下大雨的星期三早上汽車開不動時祂是神；星期天早上教會敬拜精彩得叫心靈高飛時祂也是。如果把神保養於維多利亞時代的早禱室內，人人循規蹈矩，那麼我們覺得信仰沉悶無比、如同履職，就一點都不奇怪了。

凱爾特人(Celts)善於體悟生活作息和信仰之間的關係。凱爾特教會遍布英國的西岸，特別是在愛爾蘭。公元五九七年，教皇貴格利差聖奧古斯丁以基督之名宣示這一帶的主權；遠早於此，凱爾特教會已嵌立於此地。聖帕提克（St Patrick，約公元390～460年）是聖靈充滿的宣道主教；科倫巴（Columba，約公元521～597年）則以艾奧納為基地，把信仰帶到英國大陸；艾丹（Aidan，約公元600～651年）在林迪斯凡（Lindisfarne）主持「宣教策略社羣」；加夫伯特（Cuthbert，歿於公元687年）於此度過聖潔的一生，吸引成千上萬的人成為基督徒。

這些人所體現的信仰是現世的、日常生活的，也是屬天而永恆的。無論擠牛奶、搭木屋或出門旅行，都有禱告和禮拜儀式。於每一個日常生活的小節，潮漲潮退，四季變遷，他們都看得見神的同在。現代人把屬世和屬靈的事楚河漢界地劃分，他們卻沒有這傾向。

同樣地，神不只在教會或家裏的安靜小角落等我們，反之，祂貫串於一整天的生活中，當我們明白到這一點，禱告也會變得引人入勝、充滿生命。這一位神，是擁擠列車的神、是緊急會議的神、是見醫生時的神、是週末燒烤活動的神、是銀行月結單的神、是生日派對的神。這一位神，在物質世界中同樣感到喜悅——正正因為世界是祂創造的！

關鍵問題

對你來說，神這個觀念是不是一星期七天的現實？你是否全時間向祂開放、願意接受任何安排？

你怎樣理解日常生活和神之間的關係？

試試這樣

- 試試使用凱爾特人稱之為“*caim*”的禱告。那是一種禱告方式，請求神的護佑臨在環繞著個人、家庭、教會或任何東西。用這種方法為人和各種境遇禱告，很有滿足感，因為它能給你一種很實在的感覺，好像你真的藉此禱告做了一些重要的事。「主，祢的僕人史提夫要接受面試了，請用祢的安穩和信心環繞他。」「主，在這困境裏，請以祢的愛環繞這個家，讓它充滿從祢而來的平安。」你禱告時，還可以用手指做一個小圈，像凱爾特人一樣，以示強調或掌握那種實在的感覺。
- 每天遇到的瑣碎小事，當下就禱告感恩，祈求神幫助你好好善用這一切。例如，打開水龍頭就唾手可得的清水、帶來方便隨時代步的汽車、此刻逮住了你的電腦（啊哈）、你在索賽克斯（Sussex）的旅行拖車裏，跟正在愛丁堡面對考試的女兒聯繫所需用的無線電話(這可是真實的例子呢！)。我們活在物質世界裏，每天經歷這一切——就像於六世紀凱爾特人經歷著擠牛奶和修葺屋頂等日常工序一樣。同是那一位神啊！

- 以下是著名的「聖帕提克的護心鏡」(“St Patrick's Breastplate”)禱告的一個版本，試拿它作「主題禱告」或「當日之禱」。

基督與我同在，基督在我裏面，
基督在我背後，基督在我面前，
基督在我身邊，基督把我感染，
基督安慰我、復興我，
基督在我下面，基督在我上方，
安靜時有基督，危難中有基督，
愛我的人的心裏有基督，
熟朋友與陌生人，口裏都有基督。

早上開展一天時念誦這禱文，以連繫基督和你。這禱告會逐漸成為你熟悉的朋友，任何時間，你記起它，它就會提醒你神存在。

- 重溫第7章(〈無時無刻不禱告〉)，再試試其中提過的方法。

聖加夫伯特（歿於公元687年）

聖加夫伯特是重要的凱爾特聖人，他啟發了無數繼來基督徒的想像力和信仰。他在諾桑比亞出生，公元六五一年看見艾丹的靈魂被提到天堂的異象，就在梅爾陸思(Melrose)成為修士。他是個擁有佈道恩賜的傳教士，常常長期離開修道院，甚至身陷險境，把福音帶到僻遠荒野之地，主動幫助有需要的人，為他們禱告。

他成為林迪斯凡修道院院長，但因感悟呼召，日益深入獨處和禱告的生命。他經常留在修道院旁邊的一個小島上，有時更一整個晚上站在及頸的冰水中，沉醉於禱告。傳說他與動物和雀鳥很親密。他的佈道和牧養仍然大有能力，且絕非偽裝，難怪國王也希望他成為主教。

然而，加夫伯特卻全心全意履行更大的使命，仍舊以他獨特的佈道方式和聖潔生活吸引了成千上萬的羣眾。雖然如此，他卻極度渴望回歸獨處和禱告的生活，最後他成功了。在法尼斯德的內島(Inner Farnes)上，他築起了小教堂和起居室，還有一個供給來此求靜的訪客生活的居所。那些島嶼渺無人煙，但加夫伯特在雀鳥一樣的生活中自得其樂，還栽種了一些農作物。四十多歲時，他知道自己正在衰退，也做好了死亡的準備。能夠為神鞠躬盡瘁，他感到很滿足。

他的棺木經過一段漫長而艱難的旅程，終於在達拉姆(Durham)得以安息入土。時至今日，當地的教堂仍非常樂意地守護著這位聖人的墓地，並且引以為榮呢。

凱爾特人禱文

神，祢在這裏，
祢的同在充滿這地，祢的同在就是平安。
神，祢在我生命中，
祢的同在充滿了我，祢的同在就是平安。
神，祢在暴風裏，
祢的同在充滿了空氣，祢的同在就是平安。

大衛・亞當(David Adam；改寫)

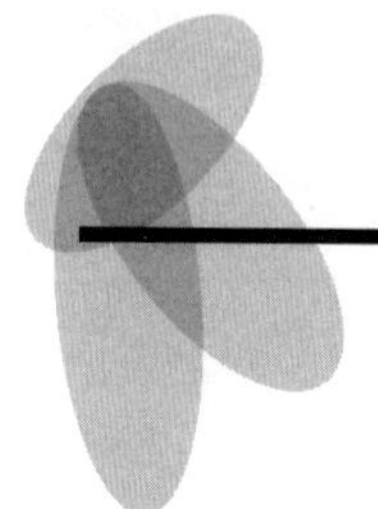

里程碑 3

生活的規律

這個世界有兩種人：一種喜歡塑模、秩序和框架，另一種則喜歡開放、自由和隨心所欲的工作方式。這一部分是專為前者而寫的。

有時候，把整個禱告生命和靈性目標的具體輪廓勾畫出來，開列清單，以確認自己是否正在前進，是很有幫助的。我們都知道，人可以大發熱心、立下美妙的良好意願，但實踐起來卻愈走愈遠，最後更因過分內疚而無法回頭的人，比比皆是。「只此一次」不禱告、不讀經的誘惑，人人都試過。早就有人說了：「拒絕誘惑的最大困難，是我們不願意與它完全決絕。」

因此，以下要說的，正是所謂的「生活的規律」，那是**屬靈**生命的紀律，是用來守護和引導我們的良好意願的。這都只是些一般性的提議。生活的規律最重要的地方，在於它既能因人而異，也可以合情合理。別人不能把他們的規條強加於你身上，你禱告的方法是獨一無二的。古語有云：「按你所能禱告，非按你所不能。」

敬拜

你可以決定：如果在家，每星期都上教會；出門在外，則看看情況是否合適，例如身邊友伴的意欲等。

你也可以這樣計劃：每個月守聖餐一次。如果錯失了機會，你也可以參加非星期天的崇拜，也許你工作的地方附近就有這一類的崇拜活動。

禱告

也許你打算從周一到周六每天用一刻鐘來禱告和讀經，但除非兩三天沒這樣做，你不必為此焦急。在基督徒圈子裏，罪疚感是一個很嚴重的問題。要記著，我們與神的關係，建基於恩典和欣悅的接納，而不是規條和責任。

你可能也會探究「閒聊式」禱告的可能性。可試用第7章〈無時無刻不禱告〉裏面的一些提議。

服事

這個詞語聽起來頗為隆重，但總比「教會」來得輕鬆，因為後者讓我們覺得自己在為一個機構工作，而非為永活的神做事。如果我們主動為神所造的人成就一件好事，那麼無論這些人是否基督徒，神都會很歡喜。我們可以在週內幫他人照顧兒童，或到咖啡室值班，或出任教區的委員，或為區內的學校做點事。神不想我們為了宗教而不問世事，以致由教會門口走到花店也迷路。「基督身體號」這畫舫上其實並沒有乘客；我們若已真切經歷洗禮，就知道事奉的對象即是自己的社羣。

奉獻

如果我們只懂得接受而不肯施予、不肯送贈，我們很快就會被自己體內多餘的脂肪活埋了！就像以色列的死海，它不斷接收從加利利流出的清水，但從不向外傳送，結果，它成了道道地地的「死」海，無物不銷毀，了無生氣。因此，我們必須答謝神龐沛的賜予，用金錢、技能、時間、或使用自己的機器，甚至小玩意來回應祂——這些機會可謂無窮無盡。

金錢是最敏感的話題。沒有人喜歡別人走來告訴自己該奉獻多少。但在耶穌的比喻裏，吝嗇的性格確是撻伐的目標。新約裏沒有設定奉獻的數量。反之，它鼓勵「全然的慷慨」，就像耶穌生命所展示的一樣。但是，與舊約奉獻收入十分之一的概念比較，今天我們除卻稅款和房屋的供款，把收入的百分之五捐給教會和／或慈善機構，也算合理。這樣的話，我們就有空間為特別的需要做一次過的奉獻了。

基督徒生命的成長

著名的樞機主教紐曼(Newman)說：「活著就是改變，要變得完美，更須不斷地變。」如果我們想更有效地為神生活，就要致力成長、求變，不因昨天的信仰而自滿。你可以立志於一年內讀三至四本基督教著作，參加教會或外面的課程，或參與如「春之收成」(Spring Harvest)那樣的基督教退修學習週，甚至攻讀基督教事工或神學的證書、文憑課程。又或者，你可以恆常地讀經，並找些釋經書來幫助你(試到附近的基督教書店找找看)。

你也可以考慮找一個屬靈的朋友陪伴你走過這段路。一年裏，你可以安排跟他見三、四次面。這為你創造了一個須要向人交代的處境，也給你一個安全的角落，讓你暢所欲言——尤其是關於你自己的一切！

退修和安靜的日子

這聽起來像是給超級敬虔或時間用之不盡的人享受的奢侈品。其實不然。這是屬靈旅途上不可缺少的部分：每年都該用兩三天去思考、禱告、閱讀，善待自己。至於地點，你可以問問你的牧者。同時，一年裏有幾天安靜的日子，可助你整理煩亂的靈性觸覺。你可以問問其他人是去哪裏安靜的。如果找不到，不妨到朋友家裏空出來的房間住幾天。至於這段期間該做些甚麼呢，你可以參閱本書某幾個章節，特別是第17章〈沉浸於安靜〉和里程碑4〈神聖的時空〉。

其他有關紀律的問題

也許你不喜歡「紀律」這詞語，但畢竟這只是文化的問題。實際上，我們要興起，就須得到指導；紀律，只是一種刻意為之的自我導引。在這裏，你可以引進其他幫助你踐行屬靈旅程的事物，例如寫靈修日誌、舉辦一年一度的籌款盛事，甚或定時運動等——這是一個有效運作的人不可或缺的部分呢。

我希望你已經明白我說的「生活的規律」的意思。那是完全因人而異的，應有一定的難度，能夠給你一點點壓力，但不該困難得使你氣餒沮喪。這和肉體上的鍛煉，實有異曲同工的地方。

最後，我提出三個建議：

- 寫下你個人的規律——這可以防止作弊呢！
- 每年評估、修訂。
- 如果它像一套硬邦邦的律法，則最好連試也別試了。

第四部
傾出所有地禱告

16 讓想像飛翔

在我們這個時代，最能令人對基督教卻步的不是信仰，純粹是沉悶。我們活在一個刺激的世代。人類的機靈和科技帶來的可能性，好像無窮無盡。透過互聯網、無線基站、短訊、視像會議等媒介，人類建成溝通網絡；世界收縮為地球村，同時也空前地四通八達、手到拿來。新的商品是「資訊」，「電腦盲」則為「窮乏」的新注腳。

不知何故，在這場革命裏，教會總好像置身事外、遠遠落後於時代。要回頭，可能要重新重視想像力，目之為改變的動力和通向神的途徑。人類最偉大的功業，就是懂得想像；人在工程科技、量子物理學、生物學上的成就，無不以想像力馬首是瞻；坎特伯里大教堂這個偉大建築、相對論和網絡空間都來自天才的想像力。

我們要帶到禱告生命裏的，就是這種想像力。要扼殺神聖與愛，沒有東西比「聊盡己職」這觀念更有效率。今日社會要求我們以創新的、甚至是大膽的手法展示我們在耶穌基督裏的靈性現實，我們的禱告生命，應與創作更相似：富於詩意、充滿藝術性和科學性，非為達到宗教律法的要求。然而，教會中，還有好些是提倡陳腐作風或傳統宗教要求的。

禱告也該如此。我們賴以吸收營養，然後貢獻給這飢餓世界的，正是反映我們整全人格的靈性。我們需要的禱告生命，不單運用左腦，也須啟動右腦來成就。換句話說，我們的腦袋要向我們的直覺、創意、本能和美感開放，同時也須具備理性、邏輯和條理。右腦可以是危險的，因為它靠想像力、故事、詩歌、戲劇、美術、遊戲、幽默之類的東西運作；基督教信仰，正被我們的文化高速淡忘，要接觸這個世界，啟動右腦可能是最後的機會了。

★ 關鍵問題

你信任你的想像力、直覺和創意，容許它們成為你靈命旅程的嚮導嗎？你的禱告和思想，能不能跳出傳統靈修模式的框框？

★ 試試這樣

• 水是一個有力的象徵，代表神的存在和愛：還記得那直湧到永生的「活水」(約四14) 和在天堂城中「生命水的河」(啟二十二1～2) 嗎？嘗試慢慢地、虔誠地喝一杯水，彷彿接收從神而來的生命和聖靈。或者，用一塊石子代表你的生命，放進一碗清純的水中，象徵你把自己放進神潔淨的、醫治的大愛裏。又或者到噴泉或溪水邊禱告，聆聽和享受基督在你裏面湧起的清新生命。

- 當你想為自己搞壞了的事情認罪，拿一塊又硬又尖的石子，看做你的過犯。感受它、認識它，承認它的實在和冷酷。然後把石子放到十字架下面，請求寬恕，直等到主的原諒降臨才離開。
- 阿維拉的聖德蘭 (St Teresa of Avila) 有一個簡單但有力的禱告方法，據我所知，它很能感動第一次接觸這種方法的人。安靜下來，放鬆，默想神的臨在。接著，就那麼讓耶穌基督**慈愛地**、**謙卑地**看著你。「慈愛」，我們該明白，但我們怎能讓祂「**謙卑**」地看著自己？可是，為門徒洗腳的，豈不正正就是神嗎？或者，在我們靈命成長過程的一個稜面，就是學會讓祂在**我們**面前跪下。
- 用一顆榛子 (或其他果仁、種子)，作為一次默想的焦點。這種自省方式，源於諾里奇的猶利安修女

（Mother Julian of Norwich）。她是十四世紀著名的神祕主義者，曾著文如下：

> 神在我的掌心上，展示一件小東西，它像球一樣圓滾滾的，大小有如榛子。我用自己的視角去領會它，問自己：「那是甚麼東西？」我得到這樣的答案：「那就是受造的萬有。」我看它那麼細小，像隨時會分解，無影無蹤，懷疑它是否能夠生存。然後，答案又來了：「它會一直存在，永遠存在，因為神愛它。」因此，萬物存在，都是因為神的愛。

握住榛子時，細味這念頭，思想神對你的愛是多麼的認真和深刻。然後把榛子放在口袋裏，開展你的一天！

- 對於禱告，蠟燭饒有幫助。你可以在開始禱告時點燃蠟燭，讓它們提醒你：基督的光，脆弱卻無法抗拒，永遠在祂的世界中燃燒。教會聚會開始時，也可以點起蠟燭，在緊張的時刻，提醒我們基督的同在。如果我們正為幾個人深入地禱告，可為每一位對象點一支新的蠟燭，這也有幫助。如果我們正在默想基督的受苦和死，我們則可以點起十三支蠟燭，然後閱讀主受難的過程，每當讀到一個門徒離棄或出賣祂的時候，就吹熄一支。最後只剩下基督的光芒，吹熄它。「成了」。感受那黑暗。

- 細讀戴邁樂極具影響力的書《相逢寧靜中》(*Sadhana*；可看參考資料)。那兒有五十個富於想像力的默想方法，可以試用其中一些。

迷宮

迷宮在中世紀的大教堂中很常見。它們是刻在地上的，用來輔助禱告和默想。法國北部的沙特爾大教堂(Chartres Cathedral)就是一個很好的例子，今天，我們對迷宮的興趣似有復興的迹象。人們沿著迷宮的曲徑慢慢行走，進行內省的禱告，或視之為一次極度濃縮的朝聖旅程。他們沿路進入迷宮的中心，然後走出來，象徵我們走向神，然後回到世界，彰顯祂的臨在。

我們可以在教會比較開闊的地方，用電線膠紙貼出一個迷宮圖。沿著曲徑可放置不同的東西，幫助人停駐、反思和禱告。例如一塊鏡子——看著它，想想你是照神的形像做的、是獨特的。一支蠟燭——最近有甚麼東西照亮你的道路？黏貼便條——在路途上你想為誰或為甚麼禱告呢？小石子——你背負著甚麼重擔？你可以在哪裏把它們放下？地圖與指南針——哪個方向才是你的「正北」？有甚麼東西令你偏離正道嗎？迷宮的中央：餅與酒——基督臨在。

用點想像力，幾個人，不論老少，可以一起創造這些經歷，作為一次特別的朝聖旅程，一個退修日或預苦期的體驗。

★ 話說從前

一位牧師，去探望一個垂死老人。他們談論了很多東西，其中包括如何禱告。牧師教導老人，說他可以像與牀邊的朋友談天一樣跟耶穌說話。幾天之後，牧師收到老人女兒的電話，說老人已經去世了。他去了老人的家，女兒把他帶到她父親生前住的房間。「奇怪得很，」女兒說。「我們發現時他已經去世，牀邊有一張椅子，爸爸的頭靠在座位上，彷彿枕在某人的膝上。」

★ 禱文

無價的珍珠啊，

連天堂也比祢小，

祢卻選擇住在我們中間。

求祢使我們配得上如此偉大的愛，

以祢忍耐的大恩，對付我們生命中的砂礫與塵垢，

直至祢徹底吸收、改造我們，

成就祢新的創造。

狄比・彼特曼（Debbie Peatman）

17 沉浸於安靜

靈命旅程中，很多人都有過這樣的經歷：在某些時刻，他們發現自己更渴望靜默。在繁忙日務裏，若找到一潭靜寂，他們衣服也不脫就一頭扎進去了。在清晨崇拜的禱告時間裏，他們若有三十秒的靜默時間，就會擁住領禱的人，喜極而泣。安靜很罕有，但現代人對此渴求甚殷。

你眼前的這個書頁，我們用上了白紙黑字來溝通；禱告也一樣，我們需要語言的「黑色符號」和沉默的「白色虛隙」來成就 。沉默建構獨特的語境，有時候，一切盡在不言中。我們有時要為心靈隔音，才可以在這喧鬧的世界裏聽得到神的微聲。

神看來相當重視靜默。耶穌在深夜馬槽的靜寂中降生，在十架的寂寥和黑暗中死去，又在黎明前的靜寂中復活。這三件大事，都在靜寂中發生。

因此，如果說我們和神之間某些最深刻的交流都在靜默中發生，一點不奇怪。如果我們感到自己渴望深入靜默，就得有一個安靜的地方和充分的時間。剛開始的時候，我們可能只靜下來五至十分鐘，已經感到如坐針氈。但此時的黃金定律是「不要驚慌」。留在那裏，不久你就會覺得那段時間短得要命。把精神集中在一個焦點上還是不容易的，但這時段會成為你不可或缺的靈性之泉，讓我們沐浴其中、得以更新。

讓我們再來看看水的意象：靜默禱告，就像沉入海裏，離開波浪起伏的水面數尺，進入那柔和的靜止的水底。我們生命的表面，像暴風中的海浪般迴旋激盪，但水底再無波動，我們可以進入精神和靈性的安靜領域，神也可以無聲地切入我們的生命。

在這種禱告中，我們全無機心。那裏沒有即刻須要面對的困難。我們只是在開放自己等候神。我們當然找到可以幫助自己的東西(參「試試這樣」)，但安靜的精髓在於等候神、聆聽榮耀之主無聲的騰雷。很多時我們禱告完了，還不肯定到底發生了甚麼事。不過這是沒問題的，就說我這些年來的晚餐吧，上星期吃的我還記不清楚呢，別說十年八年前吃過甚麼了。但如果沒有晚餐，沒有靜默禱告，我的生活和健康一定糟透了。

關鍵問題

你感覺到自己渴望更大的安靜，於此與神相遇嗎？

你可有發覺，你靜下來的時候，那種面臨威脅的惶惑漸漸減少了，取而代之，是受到邀請的愉悦？

試試這樣

下面是一個掌握靜默的方法，分三個階段：集中、對焦、等候。

- **集中**。燃起一支蠟燭，看著它閃動的火光。讓身體靜止下來，放鬆肩膀，讓裏面的張力從本來的地方慢慢滲去。(對我來説，它常在肩膀和眼睛。)這過程不能急。身體與靈魂關係密切，身體要警醒，但也得放鬆。一張禱告專用的小凳能夠提供不錯的基點，一張家常的椅子(不能太軟！)也可以。我們默想，不用擺出高難度的姿勢，反要整個人都覺得自在。接著，試幻想你乘著升降機，正徐徐下降到生命的深層。安靜。
- **對焦**。用任何你認為有助於你的、短小的聖經章節、句子或字眼，作為默想的核心。例如：「耶和華是我的力量，我的詩歌，也成了我的拯救」；「現在活著的不再是我，乃是基督在我裏面活著」，或短一點的句子：「願聖靈降臨」、「我主我神」、「在祢手裏⋯⋯」。

- **等候**。接著就是等候。當你想重新集中到神這核心上，就得慢慢地、深情地重複那句子。無論你精神上移離了多少次，只要你回來就可以了。聆聽你的心，神就在那裏。也許你可以用主禱文結束這段默想的時間，與三一神合而為一。

★ 試試這樣

讀詩篇四十六篇裏的這一句：「你們要休息，要知道我是神！」慢慢地、用禱告的心重複這句話，然後靜下來。接著刪去句末一字，只說：「你們要休息，要知道我是。」細嘗句子的美善。享受這一刻的沉默和單純。給自己時間。然後再刪去幾個字：「你們要休息，要知道。」重複這過程。接著把句子刪減至「要休息」。重複。不要急。最後把句子縮減至其核心：「要⋯⋯」。

讓人分心的事

你禱告時，可不是老想著足球賽賽果、或惦著要買牙膏嗎？你不是總要使勁地推開這些令人分心的事情嗎？因為你覺得聖潔的人在禱告時是不會想到牙膏的。如果真的這樣，你就要：

- 放棄對抗那些事情，它們總能得勝。你反要把「牙膏」寫在紙上，容後處理。
- 把你的思緒重新集中到文字、意象、蠟燭、十架，或任何你用以點燃默想的東西。如果你駕車時開始留意到路旁迷人的事物，你很快就會回頭，把注意力集中到前路上——否則，你很快就會看到醫院牀邊的東西了！把思緒收回來即可。
- 有時，在這段安靜的時間裏，你會發現自己的潛意識會釋放出一些很重要的事情。是次禱告的目的就是讓這些事物浮現，它們需要適當的關注和禱告，所以不要漠視它們。這是神深奧的工作，能夠帶來醫治和成長。

★ 智者之言

在靜默中，我們禱告、愛、聆聽、作曲、繪畫、寫作、思想和受苦。靜默阻止我們佔有和操縱別人，要對方變成自己一樣。靜默製造了讓我們說話的環境和機會，在靜默裏，我們學會說甚麼和怎樣說。

米高．史丹克利夫（Michael Stancliffe）

小說家海恩力克．布勒（Heinrich Böll）寫過一個在電台工作的人，以下是他跟朋友的對話：

「我收集某一種剩餘物。」

「甚麼剩餘物？」穆姆柯克問道。

「沉默，」慕可說。「我收集沉默的片段。剪接磁帶時，我要剪掉廣播員停頓的地方，就是他們歎氣、呼吸，或絕對沉默的虛隙。我不會丟掉那些磁帶，我收集它們……把它們連接起來，晚上在家裏聽。現在還沒有太多，目前我只收集了三分鐘——可是人們都不常沉默。」

★ 話說從前

從前，有一個島，島上一所神殿，因掛著一千個鈴鐺而著名。人們搖動它們時不在話下，就是風吹過，鈴鐺都會奏出美妙的交響樂。但漸漸地，過了許多個世紀，小島沉到海底，神殿和鈴鐺都沒有了。傳說鈴鐺一直在響，真正肯聆聽的人仍會聽到鈴聲。有一個年輕人聽到這傳說，便橫越海洋去聽鈴。他坐在面對小島的岸邊，非常專心地聽。但他聽到的，就只有海水的聲音。

日復一日，他都回到那裏聆聽，可是結果都一樣：只有海水的聲音。他努力得難以置信，使勁隔離所有其他聲音，只聽鈴聲，可是依舊徒勞無功。

日子一天一天地溜走，很多個星期過去了，他愈來愈沮喪，終於，他決定放棄了。最後一天，他再次回到岸邊，向小島說再見。他躺在沙上，只聆聽海水奏出的交響樂。很快，他整個人融進了那深遠的有節奏的聲音之中，被深刻的靜寂包圍擁抱著。

就在那時，在靜寂的中心，他聽到一些從未聽過的聲音。那是小鈴鐘的聲音，一個接一個地響起來。很快，那一千個鈴都毫無保留地響起來了，年輕人的心點燃了喜樂的火。

18 靜境的深探

靜默的禱告會把我們帶進更深的靜水中。我們以一節聖經或一個意象把自己引入沉默中，迷失時以此探路。但到最後，我們會發覺，自己原來很享受迷失！靜默是會讓人上癮的！

我們現在要進入的狀態，一般叫作「默想」。我們不再思考或用言語禱告，取而代之，我們只用「看」：仰望神。最貼切的描述，該是「凝望」。當我們看一件藝術品，或我們所愛的人時，可不會只是往那個方向飛快地掃視，那是不夠的。我們要注視眼前的影像，才可以開放自己去領會它(或他或她)要傳達的信息。那歡愉就在看的過程中。小孩子很自然就會這樣做。你會看見他們被沙灘上的幾個貝殼或從掌心流走的沙粒完全地吸引著。可是他們長大以後……

默想是把注意力集中於神。今日的文化神經質地慫恿我們注目於自己，令我們相信只要有多一點點的自顧和自助，就可以解決生命中所有的問題。在這種環境下，默想老套陳腐，和今天的文化可謂對著幹。可是，它也打動了許多人，使他們耳目一新。它指出我們的自我中心，引導我們走向萬軍之主，享受祂清新爽淨的空氣和撼人心靈的美善。

我們的社會，需要能夠「看」的人，因此需要默想者。它也需要默想的**地方**，那裏的「人氣」比較稀薄，聖靈的天地因此更顯然易見。它也需要默想的「**羣體**」，人在其中可以朝著神穩定地禱告、凝望和生活。

我們還是可以經歷默想禱告的。

★ 關鍵問題

你默禱時，有沒有發覺自己腦海裏愈來愈少語言和意象？你會不會不時感到自己在凝望中迷失，或者甚至感到是神在看著你？

★ 試試這樣

- 怎樣進入超越文字和影像的神祕領域，是整個禱告生命中最難以形容的動作之一。你怎能教人墮入愛河？他們愛或不愛，都自行發生。但起點就是第17章〈沉浸於安靜〉所描述的、安靜的「集中、對焦和等候」。

- 我們或會發現自己愈來愈不需要言語和影像，它們漸漸模糊起來。我們發現自己單單與神同在，朝著祂那個方向凝望。已經足夠了。這經歷可能令人身心舒暢，可能帶來一片黑暗和沉悶，也可能是一個充滿奇異事物或人迹罕至的沙漠。無論如何，要點就是**留在那兒**，此時此刻，單純地讓神做你的神。
- 這種禱告沒有法則，也不帶目的。所以，不要貿然追尋這種境界，除非你被大大地牽引著、無法反抗。不要以為默想是浪漫的靈性經歷，或是你下次和牧師之間的話題。這種禱告不適合浪漫主義者，只適合神祕主義者。

前人步蹤

以下這些人是公認的神祕主義者、十四世紀英國派或十六世紀西班牙派。

諾里奇的猶利安。她是一位隱士，著有《愛的啟示》(*Revelations of Divine Love*)，形容和解讀自己看見的一連串異象。她專注於描述基督的受難，但她很清楚「神必叫一切都好過來，各種各樣的人和事都會好過來」。

《不知之雲》（*The Cloud of Unknowing*）。作者不詳。內容說在神和我們中間，有一團不可知的迷霧，只有愛能夠穿透。我們坦蕩蕩地把自己獻給神，比起用言語默禱更蒙悅納。

阿維拉的德蘭。她革新了加爾默羅修會（Carmelite），著《七寶樓台》（*The Interior Castle*）一書，出色地描述了走向神的靈性旅程，把它比喻為從第一個房間走到第七個房間的過程，到最後，在第七個房間，我們就跟神一起，得到和平與安穩。

十架約翰（John of the Cross）。他是德蘭的朋友，專注於描述逆向的出世方法：那深夜、黑暗中的旅程。作品有《攀登卡邁爾山》（*The Ascent of Mount Carmel*）、《黑夜》（*The Dark Night*）和其他著作，以及那些解讀他的神祕詩歌的書。

話說從前

俄羅斯東正教大主教安東尼·布林在他的著作《禱告學堂》裏敍述了一段往事：當他還是個年輕的神父時，有一個難纏的老婆婆向他討教有關禱告的問題。她說她問過其他人，他們的意見完全不管用，反而，安東尼無知，或許可以漏嘴提出一些全新的意見。安東尼·布林深深地吸了一口氣，建議她在早餐後回到自己的房間，把它收拾整齊，然後舒服地坐下，在聖像前點起一盞燈，享受房間的乾淨整潔。接著她應該拿出織針和毛線，在往後的十五分鐘，單單地在神面前編織，不說一句禱文。

過了一陣子，老婆婆回去找安東尼，說：「這方法很有效！」她依照安東尼所說的去做，十分享受；她多年沒有欣賞過自己的房間了。接著她開始編織，並愈來愈注意那種寧靜和平安，還有織針及時鐘滴滴嗒嗒的節奏。她說：「漸漸我發覺安靜並非指沒有聲音，安靜是有內容的。它不是『缺少』某些東西，而是『含有』某些東西的。安靜是有密度的、豐厚的，且開始充滿我。身邊的安靜跟我內心的安靜漸漸融合。在安靜的中心，就是祂，那完全的靜止、平安和莊重。」

★ 智者之言

我們已經失去了「整個人都在」的天生能力。有時我在非洲村莊裏能見到：一個成年人，甚至是一個小孩子進入我的房間，坐在地上，除了開頭的問候，只偶然說一兩句話。我繼續忙自己的事，接著的半小時，我們都只是共處一室。最後訪客站起來，說：「我見過你了。」然後離開。我能想像，保持這種單純的人，可以很自然地於神的臨在中坐下、安靜和專注於祂半小時，最後只說一句「我見過你了」。「清心的人有福了，因為他們必得見神。」

約翰．泰勒 (John V. Taylor)

平安

與活著的神合而為一，至為重要
作生命之神家裏的活物。

像一隻貓睡在椅子上
安心、安穩
與這屋子的主人同心合一，與女主人一意一心，
住在活人的家裏，賓至如歸，就像在自己家裏一樣，
在壁爐前面昏睡，對著爐火打哈欠。

在人間的壁爐前打盹，
對著家裏那生命之火伸懶腰
領悟永活神的臨在
如同感知一種巨大的保證
一種深層的平靜
一種臨在
猶說主人擁有主事的權能

以其偉大的風範，

在那住人的屋子裏。

勞倫斯（D. H. Lawrence）

 禱文

在祢跟前，主，就這麼樣。

閉上我身體的眼睛，

閉上我靈魂的眼睛，

完全的安靜與無言，

向祢敞開自己，就像祢對我敞開一樣，

就在自有永有的祢跟前。

主，我願意甚麼都感覺不到、看不見、聽不見，

全無意念，全無影像。

在這黑暗中。

我在這裏，純粹在這裏，

毫無阻礙地遇見祢，

在信的寧靜裏，

在祢面前，主。

米高・蓋以斯特，《生命的禱告》

（Michel Quoist, *Prayers of Lifes*）

19 藝術的力量

禱告是全人活動。我們向完全的神獻上整個人，以致祂可以使我們透徹地成為真正的自己。因此，一種專為禱告生命而設的特殊恩賜，就是藝術所表彰的美與創新的天地。一些人藉以進入神聖境界的，不是傳統的宗教儀式，而是音樂和詩。他們聽過巴哈（Bach）B小調彌撒曲，發現自己給深深地打動，靈性上不能自已；一般的敬拜卻不能令他們火熱起來。他們發覺，喬治・赫伯特（George Herbert）或艾略特尖銳精密的詩詞能夠把他們帶到神聖的領域；但平生聽到的一切苦口婆心的講章卻叫他們無動於衷。

神有很多個聲音。有些人會回應聖經的聲音，和其中所載的偉大見證。有些人會對聖禮的聲音和氣氛更有感覺，特別在守聖餐的時候，在事物的中心，他們會接觸到靈裏的奧祕。有些人則受到音樂與詩歌、藝術與雕塑這個聲音的吸引。從哪道門進來並不緊要，重要的是，我們一旦登堂入室，就要開始探究身處的整個宮殿。

當然，很多音樂和藝術都以宗教為主題和靈感。巴哈的音樂幾乎都有"*Soli Deo gloria*"這個標題，意思是「榮耀惟獨歸神」("solely to the glory of god")。如果沒有宗教畫，十八世紀以前的美術館準會空空如也。詩人之中，從約翰．米爾頓(John Milton)和約翰．多恩到威廉．華斯華茲(William Wordsworth)和謝拉特．霍普金斯(Gerard Manley Hopkins)，都在其詩作的核心縷述靈性探索。

許多人都依從藝術的途徑，登上靈性的舞台。公元二○○○年，英國倫敦國家藝廊舉辦「親睹救贖」展覽，反應非常熱烈。此外，世人對英國的教堂產生了空前的興趣，數以百萬計的人前往參觀。這些令人驚訝的建築物，叫人為其建築藝術、歷史、音樂、崇拜和一種隱約的朝聖心情而來。把這一切加在一起，就成了屬靈的回應，或類近屬靈的反響。

★ 關鍵問題

你可有發現自己有時會被一幅畫或一首樂曲莫名其妙地打動？

你可曾為一個精彩的音樂片段或詩句，突然深感陶醉？

你可會把這種感受看成神聖領域的入口？

★ 試試這樣

- 聆聽一首樂曲，不要分析或以宗教的角度理解它，單單讓它推心置腹地向你心靈深處說話。然後，讓音樂在你腦海裏徘徊一陣子，心存感恩。
- 到一個大教堂參加一次晚禱會(成千上萬的人這樣做呢！)，讓那兒的音樂，精簡的言語和禱文及其一整個戲劇程序帶領你。別讓「今天是十五日呢」、「這首詩可有七十三節啊」這些資料上的瑣碎偏差引起你的抗拒。反之，你要在聚會的美善和節奏中休息，讓禱告的河流引領你。
- 買一兩隻唱片，選擇你喜歡的音樂種類：不論是莫札特(Mozart)、泰澤或春之收成都沒所謂。你可以用這些唱片來安靜自己，以開始特別的禱告時間，或者把它們當作生活中的小甜點，又或者在廚房和車子裏播放，讓自己得到所需的音樂深層更新。
- 如果你有特別的禱告地方，除了聖經和屬靈等書籍，你也可以放一本能夠對你說話的詩集。不要經常規限只用聖經或擺明車馬的宗教書籍，反要

允許自己經歷詩詞照亮人生的愉悅，自然地滑入喜樂之中。

- 禱告時打開一本聖詩集，詩歌的作者對許多事都有深刻反省，可作你默想的材料。當然，人人口味不同，但就某些歌詞，例如「我把我的生命交給祢，主，讓它成為獻給祢的活祭」、「當我仰望奇妙十架」、「成為我異象」、「主，祢的愛都保守、引領我此生」、「我是海洋和天空的主」等等，我都會投贊成票，因為它們曾經打動我、幫助我。你可能也喜歡把最喜愛的歌詞複印，貼在小卡片上，方便隨時拿出來默想。
- 如果你本身是個畫家（別管愛去展覽會的常客是否認識你），你可以把某幾次所畫的畫視作一種禱告活動。一面畫畫、一面禱告的課程愈來愈受歡迎，因為二者有很多共通點：專注、耐性、精細、反省、實驗和冒險，還有比較明顯的共同點，就是創作的神聖。
- 試用造陶泥的方法，回應聖經章節、禱告或敬拜活動。我們的創意和那陶土之間的親密對話所衍生的情意，可以是十分有趣和動人的。我們把言語拋諸腦後，然而靈裏的想像力，也足以炮製出一些可人的驚喜呢！

- 說到聖像，用一本書也寫不完：的確，這種書在坊間多得很，因為在西方，愈來愈多人發現環繞著種種聖像的靈性美感和深度。我們看的不是聖像**本身**，是要通過聖像**看主**。面對一個聖像，我們不是要分析它、理解它，而是要通過它接收信息。深刻的意念或會打從心底浮現，但我再說一次，我們要給予它們一點空間，讓它們順著本性發展，而不是本能地將之分析解讀，我們要做的是觀看，或在永恆的奧祕彰顯之時抓住其端倪。只須看。

★ 智者之言

如果我們相信美善藏在某本書或某些音樂之中，就會被它們出賣：美善並不在這些東西裏面，只會通過它們傳達，那傳出來的正是渴望……它們不是真理本身。它們只是一朵尚未找著的花的芳香、一支未聞的調子的回響、一個沒有到過的國家的新聞。

伊芙蓮 · 華格 (Evelyn Waugh)

20 在教會禱告

最難禱告的場合之一，竟然是教會的崇拜，這不是很奇怪嗎？當然，我們在崇拜裏會揚聲禱告——而且次數不少，其中也有我們自己的祈禱——但總的來說，很多人都覺得在崇拜中禱告得著的不多。那裏有令人分心的東西——擴音系統發出嗡嗡聲，領禱者充滿離奇古怪的想法，為是否已經調校焗爐計時器的憂慮在嘮叨……除了這些，我們和刻下那禱告的現實之間，還會發展出一種奇怪的疏離感覺。

為甚麼呢？第一，那不是從個人的立場發出的禱告。我們企圖尋找與其他人的共通點。公開敬拜的禱告，未能符合我們刻下的心意。其次，教會聚會帶有太多非言語的信息，空氣中瀰漫著太多其他東西，以致我們不能單獨面見神。再者，就是我們在教會裏大多義務纏身，至少要跟弟兄姊妹打打招呼、說說話，這一切，都會使我們無法集中在屬靈的事上。

我們可以怎樣做呢？先決的一步，就是把我們的心轉向神，對祂的同在有清晰的期望，知道自己可以從不同的途徑遇見祂。缺乏期待，會大大地阻礙我們活潑地經歷神。說到底，神總是在我們身邊的，無處不在得甚至叫人尷尬。是我們沒有真正預期在崇拜裏遇上祂，就像婚禮的賓客不預期自己會見到新郎，對他視而不見，卻不斷問別人他何時才出現。

安妮．狄拉特(Annie Dillard)所著的《町卡河口上朝聖者》(*Pilgrim at Tinker's Creek*)一書裏，提出一個很有吸引力的挑戰。她說，對神有期待，應是非常興奮的，如同駕駛時油缸飽滿、用的又是能量最高的汽油。我們在崇拜時對神全無期許，實在應該和這種興奮好好對照一下。她寫道：

> 為甚麼教會裏的人，都像一羣興致勃勃的遊客，來此參加「探訪終極者」套餐旅遊？有沒有人稍微知道，我們正對著甚麼能力輕率地祈求？或者如我所料，沒有人相信任何一句話？教會，就像在地上玩化學小實驗遊戲的孩子，攪拌著一爐黃色炸藥，以消磨星期天的早上。戴闊邊草帽上教堂的簡直是傻子，

> 我們全都該戴防撞頭盔！司事們應該派發求生包和照明彈，他們應鞭打我們，好使我們坐到椅子上……

她為了表達觀點而用上了誇張手法，但實情是：我們上教會時須要渴望和尋求神，預期見到祂，豎起耳朵捕捉祂的聲音，踮起腳尖來爭取看見祂。我們可以絕對肯定，祂正在那裏等我們。

關鍵問題

你上一次帶著被神的能力和榮耀(或愛與恩慈)「炸個粉碎」的期許參加崇拜，離今天多久了？

試試這樣

- 上教會之前預備自己。不要在最後一分鐘才施施然踱進去，來到神面前時雙手插袋、吹著巴哈讚美詩的口哨。早上起牀、步行或駕車上教會、或前一晚靜靜坐著一會兒的時候(最好是這樣)，試想一下，你要去做甚麼、要去見誰。為每一個帶領敬拜以及來聚會的人禱告，祈求在遇見永活神的震撼時刻，那些「防撞頭盔」和「求生包」保得住他們安全！
- 視崇拜中的所有禱告為己任，不要期望別人用他們的禱文來「娛樂」你。(在今日的文化裏，連電視新聞都可成為餘興節目，敬拜很容易會變成某種形式的娛樂)。主動地禱告。崇拜前、讀經前要禱告；唱聖詩時用歌詞作禱文；牧師開始講道時為他或她禱告；崇拜完結、人們去咖啡小聚或回家時也要禱告。要有目的地祈求，要知道神是聽得見的。(有關這方面的其他意見，可參拙著《回到起點》〔*Beginning Again*, SPCK 2000, pp. 68～70〕。)

- 你可有試過在平日沒有人的時候上教堂禱告？這是聖地，禱告往往在此得蒙垂聽，是生活中奇妙的綠洲。實際上，愈來愈多說自己不是基督徒的人，了解到自己對神聖空間的渴求，就是這樣使用我們的教堂的——當然，如果教堂開放！但這也成了目下的一個問題：對外開放的教會常常遭人破壞和搶掠。無論如何，試找出平日開門的教會，或與牧師討論如何讓你那一區的保持開放，然後經常到那裏去，在那裏默想、禱告和做夢。
- 如果你在某一區的教會有一些影響力，要做點事，以保證教會的資源只用在屬靈的事上。例如放置一個蠟燭台，讓人們購買小蠟燭，禱告時點起，放在台上，之後留下蠟燭作為獻上禱告的象徵。

在今天的大教堂或其他教會裏，這是非常受歡迎的。這種活動，在禱告和蠟燭之間設立了一種深刻的連結。又或者在你的教會放置一塊用來放黏貼便條紙的告示板，讓大家寫上禱文，而教會必須在適當時候把這些禱告帶到神面前。又或者，可以設立一個小禮堂或資源室，裏面放置一大堆資源，如禱告專用的小凳、蠟燭、聖像、花、聖經、禱文書和關於禱告的書、詩集、讓人虔敬地把玩和創作的陶泥……這樣的地方，若能夠全日開放，很多人會來使用——特別會受年輕母親歡迎，除了小孩在遊樂場或托兒所的幾個小時，她們很少有其他機會發展禱告的生命。

★ 智者之言

我們祈求得銀，祂卻渴望給我們金。

馬丁路德

小心行事

在公眾地方禱告，讓人們掉進去的陷阱多得很呢，說來有趣！例如：

- 如果你去參加華盛頓的早餐祈禱會，你也許會發現身邊的都是大人物。你會得到一張寫滿禱文的卡片，其中一條是這樣的：「主，求祢使我們不致被美國總統的存在嚇得半死而忘記祢的存在。」我肯定，神因為沒給人搶去鋒頭，會很感激你呢。

- 有些教會在禱告裏毫無節制地佈滿「只是」(“just”)這個完全沒意思的詞語。「主，今天早上我們只是讚美祢，為了……」;「主，我們只是祈求祢觸摸某人的生命……」;「主，我們現在只是宣告祢的同在……」那可能只是在幫助主知道我們與祂在一起只是多麼的自在……可只是呀！
- 最近我被按立為牧師，一次在伯明翰的「牛棚」服事，並於「顧客每週崇拜」之前，與一個小組一起禱告。我想著繁忙的市場攤檔跟我們教會這麼接近，發現自己開始為二者的「異常並列」禱告。小組的人說：「對不起，你說甚麼？」
- 牧師的女兒看見父親講道前在教會裏禱告。她小聲問母親：「爸爸在做甚麼？」母親回答說：「他在求天父幫助他。」小女孩想了好一會兒。「那天父為甚麼一直沒幫助他呢？」她問。

里程碑 4

神聖的時空

年輕、成功、扶搖直上的前國會游說專員戴勒·戴立博(Derek Draper),寫過這樣的話:

> 西敏寺旁邊,有一所漂亮的小教會。我想我在國會工作的這五年,都不曾留意過它。我走進去。凝望著祭壇一會兒就低下頭,閉起眼睛。我立刻注意到教堂裏是多麼的安靜。我深深地呼吸,驚訝地發現,自己開始有練習瑜伽時的感覺:我覺得那個非肉體的我正在開放、伸展、平靜而安穩。我有這樣的感覺:我可能正在經歷別人所說的「神的同在」。我不覺得自己知道「禱告」實際上是甚麼,我發現自己正在念誦二十年前背過的主禱文。那時我發覺,禱告會自然地來到,那好像你夜裏從噩夢醒過來一時間不能呼吸,然後突然吸下一大口氣那感覺一樣。經歷釋放。得蒙垂聽。

我在這裏要說的，就是特別處所的重要性。正如艾略特說，在這些地方，「禱告是有效的」。我們進入這些地方時，它們會直接向心靈說話，讓人安靜下來，把他們帶到禱告的門前。我們大概也有自己的特別地方，那可能是教會的一個角落、田野裏的一棵樹，一個可以俯瞰城市的小山丘或河邊的一張長凳。

可是，有些地方，確能夠長時間地維持和滋養人們這些獨特的經歷。它們就是那些漸漸得到「神聖」之名的地方。它們有深度、具備神臨在的意識和聖潔。人們開始帶著朝聖的心態到這些地方來。地球上有千百個神聖的地方，它們都擁有不自覺的吸引力。以下幾個，是最受英國人歡迎的。

泰澤。二次大戰時由羅格修士(Father Roger)於博甘迪(Burgundy)創立的一個基督教合一運動的羣體。成千上萬的歐洲年輕人，被他們在窮人之間的見證和教人入迷的音樂力量所吸引來到這裏。

艾奧納。另一個合一運動社羣，於一九三〇年代由喬治．麥理柯德(George MacLeod)在一個蘇格蘭小島上創立。這島是第六世紀時科倫巴宣教的基地。現在，這個羣體以其對社會的承擔、音樂和革新的禮拜儀式聞名於世。

高普斯塔拉(Santiago de Compostela)。很多人到這個位於西班牙西北部的城市去。一般人相信那是聖雅各長眠之地。通往高普斯塔拉的朝聖之路遍布歐洲，傳統用扇貝製成的信徒襟章就是源起於該地的。

林迪斯凡(Lindisfarne)。這小島又叫神聖之島，位於諾桑比亞地區北部，與第七世紀的偉大主教聖加夫伯特有特殊關連。主教的聖潔留下了不少佳話，也帶來了不少人的敬虔之心。林迪斯凡是被漲潮從大陸分割開來的，仍保留著神聖尊嚴的氛圍，尤其在人羣離開之後！

坎特伯里(Canterbury)。這是多個世紀以來英國最主要的朝聖中心，其名聲建於一一七〇年湯馬斯．伯克特(Thomas Becket)激動人心的殉道事件。當年的聖殿被亨利八世(Henry VIII)拆毀了，但時至今日，每年都有上百萬的遊客來到這個神聖的地方。坎特伯里也是英國聖公會象徵性的總部。

每片大陸都有其偉大的聖地(其他宗教也有它們的)，例如**華盧興漢慕(Walsingham)、亞西西(Assisi)、盧亞德瑟(Lourdes)、郭達魯帕德聖母(Our Lady of Guadalupe)**，當然還有**羅馬**和**耶路撒冷**。

偶然相遇

一次我在坎特伯里的長廊上走，看見一個男人坐在那裏沉思。我問他有沒有來過坎特伯里。他說：「有。十一年前我來過這裏，這地方救了我的命。當時我的情況很糟糕，這地方真的救了我一命。」我沒有問為甚麼。他告訴我的，已經足夠了。

朝聖者之歌

弟兄們，讓我們現在一起唱哈利路亞吧。要像行者在路上唱歌，但要繼續往前走。歌唱，但要繼續往前走。往前走是甚麼意思呢？我的意思是努力把好的變得更好。保羅說有些人從不好變成更壞。但如果你竭力追求，你就得往前走。所以，唱哈利路亞，繼續往前走吧。

聖奧古斯丁

尋找的故事

有一個男人看見他的朋友在街燈下的地上尋找鑰匙。他幫忙找，但他們沒有運氣。最後男人說：「你在哪裏丟了鑰匙？」朋友說：「在家中。」

「那你為何在這裏找？」男人問。朋友說：「因為這兒的燈比較亮。」

　　尋找神，要去有可能找得到祂的地方，而不是去燈光最亮的地方。

給聖徒的禱告

朝聖者的神，在充滿危險的路途上，
求祢賜福我們，給我們勇氣；
在需要同心的路途上，賜我們好伙伴；
我們被過分的嚴肅壓得透不過氣
不能輕鬆上路時，賜我們幽默感；
賜我們謙虛，好向身邊的人學習；
賜我們果斷，讓我們可以迅速作決定；
賜福我們懶洋洋的時刻，當我們為繼來的旅程伸懶腰；
賜福給我們，引領我們，愛我們，帶我們回家，
讓我們牢記生命的福音。阿們。

第五部
黑暗與光明

21 逆境中的禱告

一九七九年，我放開了工作，戛然停下。我負責的一項大型的青年活動，把整個人弄得疲憊不堪，身體忽然警號大作，每一部分都亮起了紅燈。那是因為神經系統完全透支了。可幸我有一位很有智慧的基督徒醫生。她提供了出路，讓我認識到自己的處境；她把我叫停了，也引導我把自己的靈性之湖重新注滿。今天回頭看，我甚至能為這一次的經歷感恩。

那段日子，我無法做得到一件事——我不能像平日那樣祈禱。別人的代禱同樣一點用都沒有。我茫然失神，傳統的禱告失了效。逆境排山倒海而來，到處伸手不見五指。許多人都有過類似的經驗：在那種時刻，任何「神自會照料」式的老套代禱，或好意的「我們會為你祈求」、「你很快就會好起來」一類老生常談都不管用，拿來對抗當時的失措與驚恐，不啻以卵擊石。面臨此境，我們就須要向更深之處進發了。

當一場惡疾使你的夏日變成冰冷的長夜，當最親密的關係忽然分崩離析，當你的少年兒女不光偶然犯錯、更整個人飛脫常軌，當我們危危乎踩在這一類的鋼線上，我們需要的是曾經獨處於黑暗中央的「過來人」那種感同身受的禱告。在這一刻，我們可能會重新發現詩篇的可貴。

詩篇乃猶太人的禱告經策，於此，人生所有的面貌，無不描述得淋漓盡致。在這裏，我們找到了生命中所有的情感，從最可怕的仇恨到最狂野的歡樂，從最痛苦的絕望到最激情的欲念，無一遺漏。舉個例子，你可以數數詩篇五十五篇裏面各種激烈的情緒。試感受一下詩篇一四二篇裏面那種孤絕徬徨，第三十一篇裏面那種遭人拒絕的感受，第三十八篇裏面那從疾病和罪疚感衍生出來的絕望。可若要與第五十八篇正面交鋒，你最好先吞下一大杯威士忌！

這些都是陪伴我們走過逆境的禱文——它們是那麼誠實、那麼毫無保留！我們大可就神學上的正誤與之爭辯不休，因為它們好像都在埋怨神使人受苦，但那種全然撕破臉皮的呼喊，那燃燒的人性，讀來確實叫人屏息靜氣、魄動心驚！

個人世界零散崩壞的時候，我們最需要這樣的人來相伴。我們需要那些一度經過水深火熱的弟兄姊妹，或曾經落入類似黑暗、如今向你講述求存經過的友人。一位修女寫她在智利的日子。災難臨到，她用大水的入侵來形容：

我就知道，這裏找不到逃亡、死或滅頂
當災難的海洋呼嘯而來，
你就不再被誰看作鄰舍了
就是那種相熟、友善但站得遠遠的鄰舍
你得以自己的居所交換一座珊瑚堡
學習在海底下呼吸

卡羅爾·比亞洛克（Carol Bialock）

我們能做的，就只有學習在海底下呼吸了。此時，要向有過類似經歷的人請教。那些一度給釘在黑色十架上，甚至嘗過被神離棄之苦的人，更是你的求教對象。

★ 關鍵問題

誰值得我全然信任？誰會跟我一起度過大試煉中的時刻？

聖經裏，哪兒記述了那些曾經滄海、落入黑暗，最終安然回航的人？

★ 試試這樣

- 閱讀詩篇七十三篇。那是祈求脫離某些「惡者」掌握的作品。「惡人」，可以是一個象徵，象徵那些欺壓我們的任何人或事，如疾病、焦慮、失敗或情緒低潮。第1、2節先說明詩人自己的問題。第3到12節寫「惡人」如何路路暢通、飛黃騰達。然後我們看見作惡的人，最終難免失敗（16～20節）的命運。我們若只知道怨恨，則必自食與神隔絕的苦果（21～22節）。最後，無論發生甚麼事，神必與我們同在，當下如此，將來也一樣（23～28節）。在這首詩裏，詩人與神既有對抗，也有親密——正是逆境禱告的優秀範本。
- 其他詩篇，我們可以這樣使用：當我們被人指控或正面臨審訊，讀第六十九篇；若感孤絕或被人拒諸門外，讀第七十七篇；我們把事情弄得一塌糊塗、心情沉重時，讀第五十一篇；患上惡疾或看見親友重病，讀第六篇。別忘記，我們也可以拿詩篇經常說到的「仇敵」來象徵自己心裏的敵人，就是那些源自內心、弱化或攻擊我們的東西。

- 我們最終還是得把痛苦的歲月帶到十字架那兒去——那是容身的處所、也是回轉的誘因。我們面對的問題，神不會提供一式的鐵模答案，卻會藉著主耶穌的生命和祂那震慄的代死，進入這些問題的核心，與我們一同受苦。完全無助的時候，你得注目於十架，閱讀福音書的記載，把你自己放進那種種處境之中。請記住這真理：到我們毫無辦法、孤注一擲地投奔祂，受苦的神才能夠成為人的幫助。
- 到你真正身陷逆境，你最難做到的事，正是禱告；所以，這時候你該請別人為你祈求。人有天生保守的傾向，叫我們不肯開口。然而，你雖已無能為力，弟兄姊妹卻能夠在神面前將你牢牢托住。認識這真理，正是一種莫大的能力。冒險開口求救吧，能夠為你祈禱，大家會感到榮幸。信仰羣體之所以格外珍貴，正因如此。

★ 智者之言

或說：「歡樂大於哀傷。」或說：「不然，歡樂小於哀傷。」且聽我言：二者形影不分、相扣相連，每每攜手而前。切記：其一若與你共進午膳，其二必已在你榻上成眠。

卡利爾．吉拜倫（Khalil Gibran）

神是愛，祂把整個世界
一擁入懷；
牢牢地環抱著每一個民族的
每一個孩子，永不離棄
當憂傷的鐵杖擊打
人的心靈
它們就會感受到
神內心深處如出一轍的劇痛

提摩太．禮斯(Timothy Rees)

★話說從前

二次世界大戰期間，一個集中營裏，猶太拉比聚在一起研究神是否仍有存在的可能；若然，則何以解釋猶太人這許多令人毛骨悚然的磨難？這些學者引用猶太的律法和法典，很投入、很熱烈地討論，整個下午就這樣在爭辯中過去了。最後，他們非常痛苦地達到一個結論：所有證據指向一個事實——神不存在。大家沉默了一陣子。然後，最高位的拉比站起來：「無論如何，晚禱時間到了。」所有人都起身跟著他往禱告的地方去。

★ 禱文

主啊，求祢記念良善的人，也記念那些心術不正的。

不要單單記念他們加諸我等身上的苦難，

也請記念這些苦難換來的成果——

我們的團結、我們的忠誠、我們的謙卑、勇毅、慷慨、心靈的偉大，無不從此而來。

願在審判之日，我們所結的果子成為他們所得的饒恕。

阿們。阿們。阿們。

寫於一具孩童屍體旁的包裝紙上，
地點是雷文斯布魯克（Ravenbruck），
那裏有九萬二千名婦女及孩童死亡

22 曠野中的禱告

有時候，禱告真是再悶人沒有了。我們都不願意承認這一點。基督徒總要把自己的信仰説成通達、愉快、有果效的。這不難明白。如果它一點功效都沒有，誰還有興趣做基督徒？但無論如何，有時候禱告真的非常無聊、沉悶。我們力氣不繼，油缸枯竭了。

你若問人為何信耶穌，可能會得到這樣的答案：「這使我活得更有意義。」「行之有效嘛。」「因為那是千真萬確的。」假如有一天，信仰對你的生活一點意義都沒有，你會怎樣？假如它看起來一點功效都沒有，你會怎麼辦？如果真實的疑惑開始攻擊你的理性、蛀蝕你的感情，該怎麼辦？為甚麼這樣問？因為這一切確實會發生。

亨利．盧雲的作品啟迪了成千上萬的讀者。現在請來看看這位數一數二的靈修作家的經驗：

我的禱告生命又怎樣了？我喜歡祈禱

嗎？我渴望禱告嗎？我花時間禱告嗎？老實說，三個問題的答案都是「不」。我活了六十三年，牧養教會三十八載，但禱告生活如同石頭，全無生氣。……我為禱告殫精竭慮——讀關於禱告的作品，寫關於禱告的書，到修道院拜師學藝，幫助信徒在靈程上前行。如今我在靈裏本該火熱，日夜於禱告中燃燒自己。許多人以為我確實是這樣的，好像禱告真的是我最大的恩賜，最深刻的渴求。

真相是，我禱告時即有感覺，也並不強烈。心中沒有溫情，身體沒有知覺，也看不見甚麼心靈圖象。我的感官一點動靜都沒有——嗅不到特別的氣味，聽不到特別的聲音，看不到特別的影像，嘗不到特別的味道，也沒有特別的動作。聖靈曾經非常清晰地在我的肉體上施工，如今我卻一無所感。我一直期待自己漸漸年老、走向死亡的時候，禱告會變得更容易，但事實好像剛剛相反。以「黑暗」與「沉悶」來形容我今天的禱告生活實在再合適不過了……

這種「黑暗」與「沉悶」是否代表神已經離開？還是說，祂的臨在遠遠超過了我感知的容量？禱告的沉寂，表示神和我的密切已不復再，還是意味著祂與我正進入一種超越了言語、感情和各種身體知覺的、全新的合一狀態？

盧雲，

《安息日誌》(*Sabbatical Journey*)

很不幸，這最後的問題我們沒法回答，因為盧雲説了這話才幾個月，就與世長辭了。可是，對許多人來説，這個問題都是極重要的，因為它來自一個更大的疑問：在靈性生活上，這種枯竭感到底只是外因引起的過渡，還是基督徒成聖旅途上必經的主要階段？

這兩者之間有很重要的分別。許多人靈性低落，是因為外界的影響。有時是因為我們在信仰的路上走了一段長時間，不免覺得疲累。有時是因為我們在生活不同的層面上勞苦、受壓，靈性生活於是理所當然地反映出這種苦況。有時是因為我們都長大了，崇拜、禱告的儀節反而成了窒礙，我們渴求新的模式。總之，許多原因都能導致禱告的枯竭。

可是，看起來一模一樣的沉悶、冷漠和枯竭，可以完全來自另一種經驗。那就是常聽人提起的「靈魂的長夜」或「冷感」了。正如盧雲的猜想一樣，我們正被神推向更深層的人神合一。因為那聖潔的大光愈來愈接近，我們反而無法看得見。十架約翰解釋這種現象：光的臨照愈是清澈，靈裏的眼睛就會變得愈來愈暗、愈來愈瞎。靈魂的瞳孔擴張，神隱藏，信心在主裏轉化成信任。黑暗靈程如屬此類，則神一定掌舵。祂要教導信徒放棄依靠感覺，單單依靠祂。那是成長的階段。

但如果我們經歷的是另一種黑暗，把卡車駛進了沙漠，給堵在沙土上、動彈不得，卻有辦法解決。山上，一隊旅人累得倒在地上喘息，組長樂觀地問：「繼續走吧，好嗎？」我們要回答的，就是這一類問題。如果我們不爬起來跟著大隊走，就只能夠徒勞地磨蹭下山了；但如果我們決定繼續向前走，前面準會有新的領域可供探索，有新的高度可以攀登。這一章說的，正是聽到「繼續走吧，好嗎？」的問題時正面地回答。

★ 關鍵問題

禱告生命不再火熱，就須檢查原因——可有部分純粹來自處境的變動？

我是否疲倦、緊張、生病、搬家或轉換工作、沮喪、感情受挫、喪親、正在節食……？

我們的思想、身體和靈魂是一個整體，所有部分都互相影響。換句話說，我是否只須要更改禱告的方法？

★ 試試這樣

- 放鬆一點，那是**會**過去的。
- 往後看，往前看。回顧過去是很好的，我們會認出自己的安全島，一些已知有用但遺忘了的禱告方法——例如試試尋回某些模式、某些作家或某些念頭。另一方面，前瞻未來也很棒，你可以冒險試用一些你連想都沒想過的禱告方式，神可能正在此處呼喚你去改變。比方說，這本書中提過的禱告方法能吸引你嗎？
- 熬過去。基督徒旅程不盡是香檳和煙火，儘管你會讀到一些書和見證，作者的奇妙經歷讓你喘不過氣來，叫你暗暗希望借助禱告取得一點點類似的福分。畢竟基督徒生命裏美酒不多，有的只是茶和餅。因此，繼續前進，繼續禱告，忠心不二，隨機應變，好好等候神。
- 你若有打從心底尊重的基督徒朋友，找他們談談。問問他們有沒有時間，能不能隔幾個星期跟你見見面，看看你的進展。要找到「正確」人選並不容

易，此時你要聆聽自己的心，意料之外的人可能會走進你的世界。

- 參加家庭小組、祈禱小組或其他類似的小羣體，在共同信仰中歇息。基督徒的旅程從不該是孤獨的，過分的內省會破壞你的靈性健康。有時候要容許別人背著你走一段路，但同時要向小組貢獻你的恩賜和感悟，那你就會感覺到靈性的能源慢慢回歸。
- 要有耐性。我們不是有待「維修」和整理的機器，而是需要醫治和成長的人。

★ 智者之言

我們來到神面前，不可要求一連串的激情或任何神祕經驗。我們來了，純粹為了與祂在一起，如果祂使我們意識到祂的臨格，讚美主；但如果祂要讓我們知道祂確實已經離開了，再次讚美主，因為祂有接近或遠離我們的自由。

安東尼・布林，

《活著的禱告》(*Living Prayer*)

★ 禱文

願神賜恩與我，

讓我安然接受改變不來的事情，
並勇敢改變能夠改變的一切，
且有智慧去分辨二者。
讓我每日只過一天的生活，
一次只享受一刻。
讓我接受苦難，把它看作通往平安的道路；
像祢那樣全然接納這個罪惡的世界，而不用我的方式。
我信任祢終會叫一切雨過天青，若我全然順服。
靠著這恩典，此生必定活得不錯，
來生永遠與祢在一起，更會極度快樂。

雷恩諾 · 尼伯 (Reinhold Niebuhr)

23 禱告疑難逐一解

禱告不是太幼稚了嗎？

「我的意思是你長大了，不再需要它了，不是嗎？小時候相信雲朵背後有一張友善的臉孔，不失為好事；但在真實世界裏，命運是自己創造的。外頭很艱難，如果你想生存，你就得堅強。禱告只是為小學生而設的。」

對此，我的回應有三點。首先，假如人的心靈確實為神而造，假如我們存在最深刻的真相就是不斷尋找屬靈的家鄉，那麼向神禱告絕不是幼稚。有信心的人深信，那個最深層的自己如要日漸完全，就得與神「連接」起來。這樣的話，禱告象徵成熟，而非幼稚。

第二，身為成年人，我們如果還以幼稚的方法禱告，禱告當然可以是幼稚的。一個孩子建立信仰初期，確實非常討人歡喜。記得那個小朋友的禱告嗎？那是他母親無意中聽到的：「親愛的天父，求祢照顧媽媽和爸爸，還有司提反，還有爺爺，還有奶奶，還有克勒阿姨和馬克叔叔，還有我們的小狗斑斑，還有，求祢照顧自己，因為如果祢不這樣做，我們就完蛋了！」但我們漸漸長大，在信仰中有了更多的經歷，禱告時就更深思熟慮了，裏面會有更多反省，所求之事更精確，同時，禱告中我們與神的關係也會日趨成熟，正如其他關係一樣。

第三，**幼稚**與**天真**是有分別的。假如我們已經成年，就不該幼稚地禱告。舉個例說，要勸服天上的諸位公差，讓你的彩票中獎，就不大可能了。那位小姐打翻了一大盤陶器，禱告說：「親愛的神啊，請讓這事從沒發生！」那也不大管用。但像小孩子那樣禱告，全然信任天父的善良、慈愛和真誠，則是合宜的。因此，耶穌吩咐我們，禱告時應稱神為「阿爸」——父親。

科學定律支配宇宙，禱告還有甚麼意義？

首先，讓我們把觀念弄清楚。所謂科學定律，其實只是人在大自然中觀察到的規律。它們可不是刻在宇宙法典上的。當然，對我們來說，這些規律不可或缺。我們須要知道，從懸崖往下跳，後果堪虞。但是，比起世人有限的理解和推測，自然世界更龐大難懂、錯縱複雜。科學家說，我們目前能夠企及的最深入真相如下：宇宙並不是具體的物質，而是由紛亂的線狀能量羣所組成的。我們知道，人不能夠按照一般字面意義測度、理解宇宙，它是由機率和必然之間的微妙關係構成的。

因此，我們禱告，並不是向著自然定律的銅牆鐵壁擲出一枚紙飛鏢；而是在與神合作，一點一滴地參與祂醫治萬物的龐大計劃。我禱告，不是要求神干預宇宙的正常運作。我是請求祂於事物之間已存的定律上作工，把那部分的潛質和能力全然釋放。我期望讓自然定律大展拳腳，就像它們在耶穌手上一樣(正因如此，奇妙的事情總在祂身邊發生)。

這樣看禱告，就知道神絕沒有對任何事物**行使強權**，反而在**暗暗支援**著整個系統。祂在造物的秩序之**內**治理一切。神工作，不是違反「自然定律」；反之，那工作本身，就是深層現實裏的自然規律，即在我們取得突破、鋭進這個最高層次時發生的活動。

如此看來，禱告就是與掌管萬物的那一位合作，使人思之興奮。神進入自己的世界，可不必像一個小孩子設法闖進父母的晚宴那樣勉強硬來。這**是**祂的世界，祂想跟我們分享當中的喜樂和責任；禱告時，我們一起在其上工作。

禱告得不到回應？

問得真好！朝見神時，誰沒帶著一簇難題？我們為洪水和饑荒獻上的禱求、跪在牀沿的哭泣、因受傷的婚姻發出的哀號又如何呢？這位神還想要些甚麼，才肯動手？

如果我們還記得和科學宇宙相關的最末一個問題，就應該了解，神在萬物的組織裏，同時是自由和有限的。為了成就愛，祂限制自己。正正就在創造這行動中，祂把雙手綁在背後，讓宇宙擁有它本身的自由。人類的創造行動也一樣。我們「造就」小孩子時(細節就不說了！)，會限制、管轄他們的自由。他們是獨立的個體，因此我們可以說服、勸告甚至哄騙他們，但最終我們都不能行使強權、使他們屈從，這樣做毫無意義。約翰．泰勒寫道：「與其說神是全能的，不如說祂有用之不盡的能力，因為這個緣故，祂總能成就一切。」但「成就」也許不是我們理解的那一種！

我寫這本書時，兩個我認識和關心的人患了癌症。我為二人禱告，但我了解他們的病情將無可避免地各走極端。如果一位奇迹地康復，而另一位則急轉直下，我該怎樣想？對於禱告的功效或神的信實，我該說甚麼？但願我能體會到神對這兩個人絕對盡責，祂已決定把最好的賜給他們。的確，祂會在既定的情況裏，為這兩人的福祉和整全人格全速行動。但我也希望自己能夠接受，「既定的情況」有本質上的局限，而我不知道那是甚麼。誰猜得透全能的愛在某種情況下(例如在這用愛創造的宇宙裏)的大能大力？誰又知道另一種處境下(在這個不可能有「乾雨」或「方角圓形」的世界裏)又有甚麼「不可能」？

禱告是冒險的。我們不知道甚麼事會發生在我們記念的人身上，也不曉得我們這些禱告者會遭遇甚麼。我們的責任，就是禱告；而神的責任，則是使用我們的禱告。我們的職責是去愛(這就是禱告的本質)；神的責任，就是使用那份愛去為他人謀福。

禱告中沒有任何特別感覺？

不要擔心。大部分人都沒有。「有」才真正危險：有些人刻意煽動自己的情感，以致對禱告產生人造回應。這些人，大多會令他人感到明顯的孤立或不自在。切記：要界定甚麼是有意義的禱告，情感是最不可靠的準則。禱告的意思是：神臨在之處，你也在。禱告是把自己看作獻給神的禮物，以回應祂給我們的禮物。

禱告是在神裏面聆聽、愛和擁抱別人。禱告是在絕望之處堅持打開機會之門。禱告是掙扎、喜悅、歡笑和痛苦。換句話說，我們不必把禱告看成靈性的按摩、玫瑰的芳香和溫暖的亮光。相對來說，這些東西簡直微不足道，禱告重要得多了。

我們把甚麼帶到神面前，比我們感覺到甚麼更重要。如果我們把自己和心裏記念的人帶來了，就是以真誠和愛踏上禱告的舞台。接著發生的一切，就是神的工作了。如果我們讓神提到第七重天上去，好極了(有時真的會發生呢)。如果我們給留下來清理靈性的垃圾，感謝神(工作總得有人做)。有些人確比其他人感情豐富，我們在神的眼中是怎樣的人，神就與我們怎樣工作。堅定的信心比情感更為要緊。

另一方面，禱告不能永遠停留在責任和意志層面，這很重要。臨牀心理學家容格說：「人應該知道，宗教真理活在人類的靈魂裏，而不是艱澀和不理性的歷史遺迹。這一點至為重要。」禱告確須要滲透人心；雖然如此，這個滲透的過程可以通過內在的認信或感覺完成。不同的人，會以不同的方式經歷禱告，願這種「不同」長存！

24 保持靈裏的「新鮮」

禱告是長期的關係，不是一夜情。因此，有時候你會問：「這究竟是誰想出來的好點子？」我們早上起來，很少會這樣想：「啊，真是個美麗的早上，我好想好想禱告啊！」這裏我們要討論的，不是第22章提到的靈性曠野，而是基督徒旅程上許多的平庸之感。

通往天國的路，很大部分要以時速三十里駕駛。偶然我們會在一段公路上飛馳，但更多的時候，我們須要駛過市區、維修路段和亂成一團的人羣，並要在其中保持一個駕駛者應有的清醒。

不時審查自己的靈性，向自己提出下面一類問題，或有幫助：

- 此刻，「禱告」一詞給你的感覺，是暖還是冷？
- 你藉著禱告與神交往，若以「刻度」一到十來描述，你覺得落在甚麼光景裏？
- 目前你禱告生命的核心是甚麼？

- 你內心的世界和你日常的生活，可能融和？
- 這些日子，你的禱告屬於甚麼層次或種類？（參第5章）

 1. 自動運作（對神的存在有一定的意識）
 2. 閒聊（短促交流、瞬間接觸的禱告）
 3. 深談（特別安排時間來做的禱告）
 4. 親密（超越言語的禱告）

- 如果把自己看成一種「禱告的動物」（我們確也是啊！），你會是甚麼動物呢？可以這樣想，你會是心腸好卻靠不住的黑白色混種小狗？是在森林裏笨拙地橫行的大灰熊？還是一隻在主人膝上蜷縮撒嬌、但不時給困在樹上的小貓？

這些問題的答案，或鼓勵人心，或讓人氣餒；重要的是切勿為此感到煩惱，反要了解基督徒生命跟任何重要的關係一樣，甚麼樣的經驗和情感都有。我們的任務，是盡力讓禱告和信仰生命保持鮮活、清醒，而非奢望自己長時間活在雲端。

★ 關鍵問題

我已經為屬靈生命的長跑（而非短途衝刺）做好準備了嗎？還有，我是否已經決定投身於此，讓這旅程成為我生命中的種種喜樂和掙扎？

試試這樣

- 用上述的方法，不時檢查自己的進展。特別要檢驗你禱告的習慣，看看你是否已經開始偷懶，或滿足於最簡單的禱告！一般來說，了解自己禱告的景況，已經足夠讓你抖擻精神、重新上路了。
- 注目於神，別注目於禱告。這是極其重要的。禱告本身也可以成為偶像，以致我們給卡死於個人靈性的核心，而不去默想神。禱告的箭頭於是竟成了自我中心的回力鏢。嘗試引用詩篇四十二篇起首兩節：「神啊，我的心切慕你，如鹿切慕溪水。我的心渴想神，就是永生神；我幾時得朝見神呢？」要**切慕**神、**渴想**祂。
- 不時重溫這本書的部分內容，看看不同的禱告方法是否能夠引起你的注意。即使它們之前未能吸引你，現在卻可能是時候了，因為我們都在向前進。總之，你若不離開自己的安全地帶、開始歷險，禱告就有可能停滯不前了。

強效宣稱

（跟人一起說，對自己說；在所有情況下說；勇敢地說或安靜地說；喜悅地說，在反對的聲音中堅持說；無論怎樣總要充滿信心，常常這樣說。）

神是好的，任何時候；
任何時候，神都是好的。

笑一笑

這一天，是一個猶太男孩的特別日子——他的成年禮。很可惜，一支純銀調羹失蹤了。更不幸的是，錄影機拍攝到主禮的拉比把銀調羹放到自己的口袋裏，但男孩一家決定不採取任何行動。幾年後，這位猶太男孩結婚了，主持婚禮的竟又是同一位拉比。男孩對拉比說：「拉比，你知道，我成年禮時，我們看見你把那銀調羹放到自己的口袋裏。」「啊哈！」拉比說：「你還沒有找到它嗎？真奇怪——我把它放在你的祈禱披風裏呢！」

法蘭西斯．德勒克爵士（Sir Francis Drake）的禱告

我主我神，祢若命令祢的僕人，要我們努力完成偉大的任務，請讓我們都知道：虎頭蛇尾者必無功而還；只有藉著我們的救贖主耶穌基督，一直堅持不懈、貫徹始終、徹底完成大業的人，才能夠得著真正的榮耀。

25 讓一生成為禱告

一九六三年，法國神父米高・蓋以斯特所著的《生命的禱告》面世。它像一陣狂風，衝擊了很多固有禱告詞彙的含義，主要因為作者認為一切人性的經驗都不該被拒於禱告的門外。禱告可以是為了一張五磅鈔票、一個鐵絲網、一部拖拉機、晚上的足球比賽——甚至是為了禿頭！書中一章，題為〈生命一切皆成禱告〉。此話一直黏貼在我的腦海裏，這正是禱告活動的終極目的：它不是說我們要以宗教式的虔誠建構一生歲月，乃是說我們要在神面前溫柔地活著、度過生命裏的每一刻。

瑪格烈特・斯爾夫 (Margaret Silf) 在其著作《品嘗與觀看》(*Taste and See*) 的最後一章裏，以觀鳥者為喻。有時，觀鳥人會躲起來以使觀察雀鳥，但無論他是否正在看鳥，他一天到晚其實都在學習聆聽雀鳥的叫聲。他調校自己的耳朵，使之漸漸能夠**恆常地**接收到雀鳥的「頻道」；即使在日常生活裏，他也能辨識鳥兒歌聲的模式，及其樂調與高低音的微妙變化，以及整片樂音的全景，那卻是一般人「充耳」而無法「得聞」的。

這是說，我們特別為禱告劃出來的時間，即是我們躲起來朝見神的時刻，可幫助我們調校耳朵、聆聽上帝豐盛的聲音；這聲音其實一直與我們同在，只可惜現代生活塵囂不絕，在喧鬧背景裏，神的聲音就難以聽見了。同樣地，我們有躲起來勉力禱告的「藏身之處」，為這本書提到的種種祈禱操練提供合適環境，但我們的終極目標遠遠超過這些練習。我們最後的目的，是要把自己的整個生命都變成禱告，在神面前感恩地度過一生的歲月。

人若被另一個人的存在和愛滲透、注滿，就會體悟人生擁有無限的可能；生命美好得令人透不過氣來，一切阻礙，不外供人跨越的東西。因此，一旦被神的存在和愛充滿，誰知道會發生怎樣的美事？那一定是美好的——極其美好的，神的光輝和慈愛必涵蓋生命的所有層面。生命的全部因此都要成為禱告。

★ 關鍵問題

這個目標值得追尋，卻難以完全達到，你對此有心理準備嗎？

靈命成長，指的是一生向神敞開心懷的過程；並沒有唾手可得的成藥，你可會介意？

還有，你是否會繼續禱告，直至有一天你感到自己不禱告就活不成？

試試這樣

- 堅持。
- 堅持。
- 堅持。

智者之言

驟眼看來，基督教只不過在講道學、言責任、說規矩、談罪咎和論美德。但這個信仰卻帶著你一直往前追尋，直至你超越這一切，找到別的東西——於是你得以一瞥前面那個國度：那兒的人除非正在說笑，對上述那些道學美德絕口不提；人人滿有我們所說的「良善」，就好像鏡子為亮光所注滿；可他們不稱此為「良善」。他們不叫它做甚麼。他們不去思想它。他們太忙了，忙著注目於這亮光的源頭。

魯益師，

《返璞歸真》(*Mere Christianity*)

諾里奇的猶利安修女曾有一連串的神祕經歷（神示）。往後的十五年，她一直默想這些經歷，希望領悟神的心意。隨後她在《愛的啟示》一書裏記載了這些經驗。下面一段，寫屬靈旅程的目標，十分有名。

> 從得到神示那一刻開始，我經常求問神，要明白祂的意思。十五年後，我從內心的領悟得到這答案：
> 你想知道神在啟示中的心意嗎？
> 好好學習。
> 祂的心意就是愛。
> 誰向你展示這些異象？是愛。
> 祂向你展示了甚麼？愛。
> 這是為了甚麼呢？為了愛。
> 抓緊這信息，你就能學習和更認識愛；但除了愛，你不會知道或習得其他任何事，直到永遠。

禱文

我不再屬於自己，只屬於祢。

把我算在祢的旨意裏、列入祢的僕人中

催我行動；把我放到苦難裏，
讓我為祢工作，或被祢擱在一旁；
為祢卓越，為祢卑微；
讓我豐盛圓滿，使我虛懷若谷；
讓我一無所缺，讓我一無所有；
我盡性盡情、全心全意地獻上一切，
隨祢喜歡和處置。
如今，榮耀和聖潔的神啊，
聖父、聖子和聖靈，
祢是我的，我是祢的。但求如此。
願今天地上所立此約，
在天上確認。

〈循道約章〉(*The Methodist Covenant*)，1755

在祢手裏，主，我們交上自己的靈；
在祢手裏，那開放、不設防的愛之雙手；
在祢手裏，那接納、迎迓的愛之雙手；
在祢手裏，那堅固、可靠的愛之雙手，
我們交上自己的靈。

若希・查普曼(Rex Chapman)

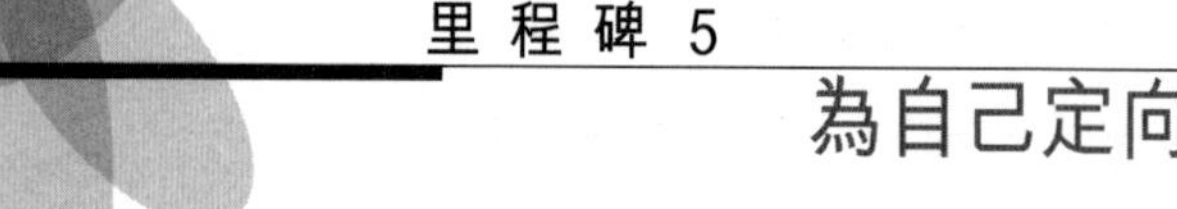

里程碑 5

為自己定向

真正踏上旅途的時刻到了。這本書嘗試為你的背包提供一整套有用的內容，但只有你自己才可以真正啟程上路。就像你的女兒要到非洲遊學一年，這一年的生活所需，都得放進一個背包裏。身為父母，我們很努力地跟她一起整理行裝，以確定她會帶備所有該帶的東西。但總有那麼一天，她一個人走進機場的出境大閘。

禱告的歷險旅程，比一年長得多了，那是進入神的生命、攀上靈性高山的一生之旅。雖然這旅程是我們自己的，沒有人可以代我們完成，但我們還是可以背上一個萬事俱備的好行囊。更重要的是，和我們一同走路的，是最好的導遊——耶穌基督自己；祂答應一直跟我們在一起，直到時間的盡頭。(太二十八20) 沒有比這更安全的了。

可是，我們開始任何重要旅程之前——比方說，婚姻，或者事業——我們需要對自己有相當的認識和警覺，否則走不多遠，就會鬆散下來，潰不成軍。同樣，在靈性的旅途上，認識自己是非常重要的，只有這樣，我們才能夠大致曉得甚麼事情有益於自己的靈性、甚麼地方可以吸收到屬靈的營養。

因為人的性格類型多得叫我們吃驚，因此，人人靈性取向不同，也絕不奇怪。這本書裏，有些內容吸引你；另一些呢，則比那些只能夠叫你打呵欠的東西好不了多少。所以，現在就想想你的屬靈「性情」可歸入哪一類、到哪兒去找你每日的靈糧——或魚子醬，這對你也許有幫助。

十九世紀哲學家許革勒（Friedrich von Hügel）提出的禱告學派分類法，我覺得有用。他記述了不同的「禱告學派」，每一派以一位聖經人物作為代表。以下是對這些不同學派的簡短描述。要注意，我們不必「對號入座」，或認為自己只應與其中某些學派產生共鳴。最好能夠認定其中一派或兩派，作為你個人靈性上的歸宿，同時也認識到其他學派的優勢。確認了個人的「歸宿」，我們在靈性旅程上就更有自信，而其他基督徒與我們不同的屬靈激情，也不至於把我們嚇倒。知道我們不一定要「被聖靈擊倒」，也不必對著蠟燭沉思或把玩有毒的蛇，也可以堂堂正正地做基督徒，真讓人鬆一口氣啊！

彼得學派

這種屬靈性情，跟主耶穌直率、熱血的朋友彼得有相同之處——強壯的、不斷成長的。如果這是你的靈性歸宿，有固定形態和可見結構的禱告方式，最適合你。禱告書籍也許對你有幫助。很有可能，你的思想比較實際；你喜歡教會定期的敬拜，喜歡依著教會年曆定時慶祝節日，特別是復活節和之前的一週；你在禱告這事上忠心而信實（至少你有這樣的打算！）且特別珍惜「生命的大原則」和屬靈的友伴；也許你覺得聖餐很重要，但你更注重優秀、準備充足和帶領得好的敬拜活動。福音書中，你最喜愛馬可福音。

保羅學派

保羅是早期教會的思想家，是一個充滿激情、有完美主義傾向的知識分子。如果你屬於這一派，你對禱告和敬拜都有深入的思考，你渴望二者都具備一點學術智慧，有聖經根據，也有連繫國家社會的層面，不局限於個人的經驗。你很可能經常閱讀基督教的書籍，對日常的崇拜，也熱心表達意見。你覺得敬拜時那些膚淺的激情，有點無聊，但其實你自己也很能夠深刻和熱情地回應神；你內裏總有

一點點神祕主義者的傾向。你不會為那些無關宏旨的個人瑣事代禱，只會為現實世界和重要的事情代求。福音書中，你會喜歡馬太福音或約翰福音。

約翰學派

傳統上，約翰不只是耶穌一位很特別的朋友，他還用了多年時間，反覆思量主耶穌生死的意義，這些反思成了約翰福音的中心信息。這一學派的禱告，充滿了深入的省思。禱告更像一種追尋、一種主動的溝通，一種渴望，比其他類型的禱告更深沉、更富於探索精神。你會認為禱告需要時間和空間，因其目的是要進入屬靈的神祕境界，而不是要得到結果。你可能很少說話，反而珍惜安靜、象徵、想像、詩歌。你喜歡安靜的晨禱會，不喜歡日上三竿才開始的、喧鬧的少年聚會，對於那些你認為膚淺的、沒有深度和無法進入屬靈靜境的禱告和敬拜，你會感到頗為煩厭。禱告之中你最不喜歡代禱，但你會回應那些富於創意的新方法。約翰福音會是你的不二之選。

法蘭西斯學派

法蘭西斯是很受現代人愛戴的聖徒，因為他對大自然和凡夫俗子有顯著的愛心，也是個正直和敢做敢為的人。他周濟窮乏，自己的生活卻極為清苦。也許大家已忘了他定下的標準是多麼的難以高攀。但無論如何，如果你的靈性傾向屬於此一學派，你會在神的創造和人的悲喜中找到禱告的靈感。你會恆常開口感恩，對別人的需要感同身受，你深深委身、承擔著為別人禱告的擔子。神子民之間的衝突會傷害你的理想主義，但你也會從耶穌基督使人和好的死和豐盛的新生命中得到啟迪。禱告背後，你坐言起行，這是人人都看得見的，你會投入別人的事務、難以自拔，通常還會付出很大的代價。你會認同路加福音作者的情懷，因為這書裏面有婦女、窮人和病人的見證。

請切記，這些「禱告學派」不過要給你一個屬靈的「家庭基地」，讓你認出自己天賦的靈性傾向，這一點很重要。它們可不是用來「框」住你的，反之，只望藉此約莫地描述那個讓你最感舒服自然的地方，讓你可以愉快地走你的禱告之路，同時也從其他禱告途徑上儘量取得好東西。如果你知道家在哪裏，心情就能放鬆了。

這旅程是要走一生的。背包大小隨你喜歡，但

它永遠是輕巧的。最佳嚮導就在你身邊。面前的道路為你開放。因此，目前惟一重要的事，就是動身啟程，並一直往前走。

> 如果你不能飛，那就跑吧。如果你不能跑，那就走路。如果你不能走路，那就爬行。但無論如何，總要不斷向前進！
>
> 馬丁・路德・金

★ 禱文

神聖的天父、慈悲的基督、溫柔的聖靈：
祢的愛永不止息，祢的忍耐無窮無盡，
我們禱告時，請用祢的愛
這以德服人的力量，
接納我們、塑造我們；
若我們堅持抵抗祢恩慈的手
求祢仍以微笑寬恕我們的愚昧；
愛我們，直到我們
心悅誠服地向祢投降，讓我們
藉此可以屬於祢，
祢也屬於我們，藉此
我們從耶穌基督身上

看見的美，能在我們的生命
反映出來

參考資料

討論祈禱的書籍數以百計，以下只是小量可供參考的入門作品。由於種類繁多，因此當你找到一本真正可以幫助你的書時，就要好好珍惜！

泛論

Approaches to Prayer, Henry Morgan (ed.) , SPCK, 1991. 本書充滿有用的構思。

Living Prayer, Metropolitan Anthony Bloom, DLT, 1966. (Also *School for Prayer,* DLT, 1970.) 東方教會傳統的經典著作，讀者以西方教會為對象。

Prayer, Richard Foster, Hodder and Stoughton, 1992. (傅士德著，周天和譯：《禱告真諦：尋找心靈真正歸宿》，香港：基道，1993。) 作者深受歡迎，思路清晰，紮實地討論祈禱。

Praying Through Life, Stephen Cottrell, National Society/Church House Publishing, 1998. 本書是實用和易讀的作品，探討如何把生活的各個方面連繫於禱告。

Taste and See, Margaret Silf, DLT, 1999. 本書是易讀的導論，介紹不同形式的禱告，對運用想像的方式，闡述尤佳。

Too Busy Not to Pray, Bill Hybels, IVP, 1998. (海波斯著，吳碧霜譯：《你也能忙中取靜》，台北：校園，1992。) 實用，能建立信心。

祈禱書

A Silence and a Shouting, Eddie Askew, The Leprosy Mission, 2001 (這位作

者還有其他的作品）。是以日常生活經驗和經文來默想的暢銷作品。

All Desires Known, Janet Morley, SPCK, 1992. 想像力豐富，筆觸優美。

An Anglican Companion, Alan Wilkinson and Christopher Cocksworth (eds), SPCK, 2001. 經典禱文和安立甘宗靈修作品的摘錄。

The Book of a Thousand Prayers, Angela Ashwin, Marshall Pickering, 1996. 新舊禱文選集，其中包括編者不少的個人禱告詩。

Bread of Tomorrow, Janet Morley (ed.), SPCK, 1992. 世界各地教會不同文化特色的禱文文摘。

Just As I Am, Ruth Etchells, Triangle, 1994. 為個人禱告的豐富指引，能助你於一天的開始和結束時禱告。

The Lion Prayer Collection, Mary Batchelor (ed.), Lion, 1996. 另一本精美製作、包羅萬有的祈禱書，記載不同形式的禱文。

Pocket Prayers, Christopher Herbert (ed.), National Society/Church House Publishing, 1993. 記載歷久不衰的經典禱文。

Prayers to Remember, Colin Podmore (ed.), DLT, 2001. 正如書題——是最好的作品之一。

The SPCK Book of Christian Prayer, SPCK, 1995. 本書深入而全面地介紹基督教的不同傳統，想像力豐富而內容可靠。

Tides and Seasons, David Adam, Triangle, 1989. 作者根據凱爾特教會的祈禱傳統編寫的出色作品之一。另參考 *The Open Gate,* Triangle, 1994.

代禱

The Intercessions Handbook, John Pritchard, SPCK, 1997. 關於公禱、祈禱小組和個人祈禱極具創意的概念。

Prayers for All Seasons, Books 1 and 2, Nick Fawcett, Kevin Mayhew, 2000. 三百段現代禱文，適合不同的處境。

Prayers of Intercession, Susan Sayers, Kevin Mayhew, 2000. 主要以公共崇拜為對象。

祈禱與個性

人的性情與其喜歡的禱告方式關係密切，以下三本書，選自眾多同類書籍，探索的正是這個問題。

Knowing Me, Knowing You, Malcolm Goldsmith and Martin Wharton, SPCK, 1993.

Personality and Prayer, Ruth Fowke, Eagle, 1997.

Pray Your Way, Bruce Duncan, DLT, 1993.

默想與靜默的運用

Both Alike to Thee, Melvyn Matthews, SPCK, 2000. 在萬事萬物中發現神——屬靈旅程主要部分之一的神祕主義，正是本書探討的範疇。

Contemplative Prayer, Thomas Merton, DLT, 1973；另參 *Thoughts in Solitude*, Burns and Oates, 1958.（多瑪斯．牟敦著，孟祥森譯：《獨處中的沉思》，台北：方智，2003。）由一位偉大的美國修士／作家所撰寫的兩本屬靈經典作品。

Letters from the Desert, Carlo Carretto, DLT, 1972.（卡羅．加勒度著，公教真理學會譯：《星語：沙漠的來信》，香港：公教真理學會，1986。）另一本討論屬靈生命的現代經典作品。

Open to God, Joyce Huggett, Hodder and Stoughton, 1989.（荷杜特著，尹潤芳譯：《主啊，請說：默想的探討與操練》，香港：基道，1994。）本書以新穎的方式，闡述傳統的默想方法。

Sadhana: A Way to God, Anthony de Mello, Doubleday/Image, 1984.（戴邁樂著，鄭聖沖譯：《相逢寧靜中》，台北：光啟，1991。）基督教的默想和靜默操練，同時運用了西方與東方的形式。

This Sunrise of Wonder, Michael Mayne, Fount, 1995. 一份喜樂的清單，引導我們重新反省驚歎的情懷在我們生活中的重要性。

The Word is Very Near You: A Guide to Praying with Scripture, Martin L. Smith, Cowley Publications, 1989. 顧名即可思義。

祈禱與社會改變

God of Surprises, Gerard Hughes, DLT , 1985. 把內在生命的旅程與一個公義社會的需要聯繫起來，撰寫出當代屬靈引導最偉大的作品之一。

His Love is a Fire, Brother Roger of Taizé, Geoffrey Chapman Mowbray, 1990.(羅哲著，羅婉明譯：《主愛之火》，香港：公教真理學會，1990。)泰澤(Taizé)的眾多作品之一，本書是討論個人與社會改變的重要著作。

Praying the Kingdom, Charles Elliott, DLT, 1985. 本書為得獎作品，詳細論述一般基督徒在政治上的屬靈生活。

Sharing the Darkness, Sheila Cassidy, DLT, 1988.(趙可式譯：《幽谷伴行》，台北：光啟，1992。)討論基督徒前線關顧工作中，門徒生活的性質和代價。

A Wee Worship Book, Wild Goose Worship Group, Wild Goose Publications, 1999. 源自艾奧納(Iona)的作品，在結合內在生命與外在生活的旅程，想像力豐富的著作。

經典作品

(編按：以下部分作品有超過一本中文譯本，所列者只擇其一。)

Be Still and Know, Michael Ramsey, Collins Fount, 1982.

The Cloud of Unknowing, Penguin, 1961.(鄭聖沖譯：《不知之雲》，台北：光啟，1991。)

Confessions, St Augustine, Penguin, 1961.(聖奧斯定著，應楓譯：《懺悔錄》，台北：光啟，1991。)

The Imitation of Christ, Thomas à Kempis, Collins Fount, 1963.(金碧士著，黃培永譯：《效法基督》，香港：晨星，1999。)

The Practice of the Presence of God, Brother Lawrence, Hodder and Stoughton, 1989.(勞倫斯著，俞成華譯：《與神同在》，香港：以琳，1985。)

Revelations of Divine Love, Julian of Norwich, Penguin, 1966.（朱利安娜著，陳嘉恩譯：《愛的啟示》，香港：循道衞理聯合教會，1990。）

The Sacrament of the Present Moment, Jean-Pierre de Caussade, Collins Fount, 1981.

祈禱與讀經的規範形式

Beginning Again, John Pritchard, SPCK, 2000, pp. 22～23, 'One to One'; 論及另類的（規範性或規範性較少的）祈禱方式的著作。

Beyond Words, Patrick Woodhouse, Kevin Mayhew, 2001. 本書為日常禱告的豐富沉思錄。

Celebrating Common Prayer (pocket version), Society of St Francis, Mowbray, 1994. 包括日常禱告的豐富形式，精簡的版本更容易運用。

Celtic Daily Prayer: A Northumbrian Office, The Northumbria Community, Marshall Pickering, 1994.

Woven into Prayer, Angela Ashwin, Canterbury Press, 1999. 包含了每日思想、每日禱文、靜默時刻和晚禱祝福，適合全年使用。

Bible Reading Fellowship (BRF), Peter's Way, Sandy Lane West, Oxford OX4 5HG, 出版一系列定時讀經計劃。

Scripture Union, 207 Queensway, Bletchley, Milton Keynes MK2 2EB, 出版另一系列適合不同年齡的優秀註解。（香港讀經會出版以華人信徒為對象的讀經作品。）

神學

Does God Answer Prayer?, Peter Baelz, DLT, 1982. 此書的討論，比「祈禱有效嗎？」一類問題更深入。

Perspectives on Prayer, Fraser Watts (ed.) , SPCK, 2001. 從聖經、科學、心理學、詩歌、音樂、性別學等角度進行討論的著作。

Science and Providence, John Polking- horne, SPCK, 1989. 作者是一位卓越

的科學家／教士，撰寫本書裏面及其他著作有關祈禱的段落。

True Prayer, Kenneth Leech, Sheldon Press, 1980.（李卓著，羅燕明譯：《真禱告：基督教靈修學入門》，香港：基道，2001。）本書為關於祈禱生活和基督教屬靈傳統的優秀導論。

The Use of Prayer, Neville Ward, Epworth, 1967. 明智、深思和實用的作品。

網站

www.jesuit.ie/prayer 的「神聖空間」（Sacred Space）提供了網上的每日禱文，敏銳地引導訪者藉著默想一段經文，預備自己進入禱告。

www.ship-of-fools.com 的副題是「從不休息的基督徒的雜誌」（"the magazine of Christian unrest"）。它提供大量有趣和非傳統的資料，包括某些靈修和禱告的有趣資料。

鳴謝

得蒙各作者及出版社允許使用以下資料，謹此致謝。

p.113, 取自 David Adam, 'A Celtic prayer', *The Open Gate,* Triangle, 1994。

pp.142～143, D. H. Lawrence, 'Pax', *The Complete Poems of D. H. Lawrence,* eds Vivian de Sola Pinto and F. Warren Roberts, Penguin, 1964. 蒙 Laurence Pollinger Ltd and the Estate of Frieda Lawrence Ravagli 允許使用。

p. 143, Michel Quoist, 'Before You, Lord', *Prayers for Life,* Gill and Macmillan, 1963.

p.168, Timothy Rees, 'God is Love', *Hymns Ancient and Modern,* No 365, Canterbury Press, 1950, 1996.

p.191, Rex Chapman, from 'The Glory of God'.

其他摘錄出自以下材料：

p.6, G. K. Chesterton, *Autobiography,* Burns and Oates, 1937.

pp.7～8, John Drane, 'Dunblane: A Personal Testimony', *The Search for Faith and Witness of the Church,* Church House Publishing, 1996.

p.14, Toki Miyashina, in *The Lion Book of Famous Prayers,* Lion, 1983.

pp.24～25, G. B. Shaw, *Saint Joan,* Penguin, 2001.

pp.31～32, Kenneth Leech, *True Prayer,* Sheldon Press, 1980.

p.45, Iona, 取自 *A Wee Worship Book,* Wild Goose Publications, 1999.

pp.50～51, Brother Lawrence, *The Practice of the Presence of God,* Hodder and Stoughton, 1989.

p.51, Lord Astley, in *Pocket Prayers,* ed. Christopher Herbert, National Society/Church House Publishing, 1994.

p.58, St Augustine, *Confessions,* Penguin, 1961.

pp.64～65, Anthony Bloom, *School for Prayer,* DLT, 1970.

p.71, Richard of Chichester, in *Pocket Prayers,* ed. Christopher Herbert, National Society/Church House Publishing, 1994.

p.75, Kenneth Leech, *True Prayer,* Sheldon Press, 1980.

p76, Anglican Church of the Province of New Zealand, *New Zealand Prayer Book*, HarperCollins, 1997.

pp.76～77, Martin Luther King, 'A blessing', in *The Lion Book of Famous Prayers,* Lion, 1983.

p.85, Martin L. Smith, *The Word is Very Near You: A Guide to Praying with Scripture,* Cowley Publications, 1989.

p.86, Collect for the last Sunday after Trinity, *Common Worship,* Church House Publishing, 2000.

p.104, Fyodor Dostoevsky, *The Brothers Karamazov,* Penguin, 1993.

pp.104～105, Papas Fynn, *Mister God, This is Anna,* Ballantine, 2000.

p.107, Francis of Assisi, *Canticle of the Sun,* traditional.

p.134, Michael Stancliffe, *Stars and Angels,* Canterbury Press, 1997.

pp.150～151, Annie Dillard, *Pilgrim at Tinker's Creek,* Perennial, 1998.

p.158, St Augustine, *Confessions,* Penguin, 1961.

p.165, Carol Bialock, in Sheila Cassidy, *Good Friday People,* DLT, 1991.

p.167, Khalil Gibran, *The Prophet,* Heinemann, 1980.

pp.170～172, Henri Nouwen, *Sabbatical Journey,* Crossroad, 1998.

p.175, Anthony Bloom, *Living Prayer,* DLT, 1966.

p.189, C. S. Lewis, *Mere Christianity,* Fount, 1997.

p.190, Julian of Norwich, *Revelations of Divine Love,* Penguin, 1966.

以上鳴謝已儘量列出本書引用的資料及其版權持有人，其中若有任何疏忽之處，我們謹此致歉，亦誠盼讀者聯絡我們，以便日後修正。

譯者筆記

翻譯這本書，我獲益良多。作品說到教會史上的屬靈英雄和禱告方法，對我很有幫助。不過，有一點要特別一提：內文提及的部分靈修方式，可能會引起誤解，例如說拿著(或對著)十字架、蠟燭、聖像、小石子、種子等東西來向神禱告，就是例子。我們須要注意：千萬不能把這些幫助我們安靜、啟發我們聯想的東西看作神自己。若這樣做，就變成拜偶像了。我個人甚至連這些東西都不用，至多在禱告時抱住一個枕頭。我希望讀者明白，枕頭永遠不可以代替主，它連象徵主都不配呢。

靈修著作精選

重整靈性生命，陶冶完善人格。

我們與（不）信的距離——默想聖經 6 個不完美的聖徒故事

黃嘉樑 著／HK$78

跟從耶穌，每一步都是歸心之路——盧雲給焦慮時代的 6 堂心靈課

Following Jesus: Finding Our Way Home in an Age of Anxiety

盧雲 (Henri J. M. Nouwen) 著／黃大業 譯／HK$78

祢已將哀哭變為跳舞——在時艱中尋找盼望

Turning My Mourning into Dancing: Finding Hope in Hard Times

盧雲 (Henri J. M. Nouwen) 著／黃大業 譯／HK$78

盧雲靈思集 · 生命中的蒙愛時刻

A Spirituality of Living

盧雲 (Henri J. M. Nouwen) 著／黃大業 譯／HK$58

盧雲靈思集 · 歸心，歸回上帝的時刻

A Spirituality of Homecoming

盧雲 (Henri J. M. Nouwen) 著／黃大業 譯／HK$58

盧雲靈思集．關顧，傷癒時刻
A Spirituality of Caregiving

盧雲 (Henri J. M. Nouwen) 著／黃大業 譯／HK$58

一花一天國——默觀的動念與操練
Just This: Prompts and Practices for Contemplation

羅爾 (Richard Rohr) 著／黃大業 譯／HK$78

詩篇心禱：用最真實的自己面對上帝——從詩篇學禱告的12 堂課
Psalms: Prayers of the Heart (A LifeGuide Bible Study)

畢德生 (Eugene H. Peterson) 著／黃大業 譯／HK$78

佈道靈旅—— 52 天腓立比書靈修之旅

鄺偉志 著／HK$68

歸心祈禱——與上帝親密之旅

張琴惠 著／HK$83

歸心祈禱的操練——與上帝親密同行 40 天
Forty Days to a Closer Walk with God: The Practice of Centering Prayer

大衛．邁思勤 (J. David Muyskens) 著／陳群英 譯／HK$78

歸心祈禱的操練 2 ——更深地與上帝同行 40 天
Sacred Breath: Forty Days of Centering Prayer

大衛．邁思勤 (J. David Muyskens) 著／邱其玉 譯／HK$78

復興，與你所想的不一樣——撒迦利亞書給這時代的 12 個信息

羅慶才 著／HK$68

禱告操練 7 堂課——學習主禱文

羅慶才 著／HK$68

敬虔操練 13 課

羅慶才 著／HK$68

生命成長 17 課——學習聖靈果子和八福

羅慶才 著／HK$68

靈命操練禮讚（新譯版）
Celebration of Discipline: The Path to Spiritual Growth

傅士德（Richard J. Foster）著／黃大業 譯／HK$98

我一直以為，人生是這樣走的——為生命重新導航
Breaking the Idols of Your Heart: How to Navigate the Temptations of Life

艾倫德（Dan B. Allender）、朗文（Tremper Longman III）著／李小釧 譯／HK$98

敢於跟隨主

鄧瑞強 著／HK$58

凡事信靠：詩篇二十三篇
Trusting God for Everything: Psalm 23
簡．約翰遜（Jan Johnson）著／李小釧 譯／ HK$68

與上帝同行的生命旅程
Living in the Companionship of God
簡．約翰遜（Jan Johnson）著／李小釧 譯／ HK$68

禁食，讓身體説話
Fasting
麥克奈特（Scot McKnight）著／陳永財 譯／ HK$88

感恩
Uncommon Gratitude: Alleluia for All That Is
羅雲．威廉斯（Rowan Williams）、卓滌娜（Joan Chittister）著／陳恩明 譯
HK$83

禱告不是偽術——返璞歸真的祈禱
Prayers Plainly Spoken
侯活士（Stanley Hauerwas）著／禤智偉 譯／ HK$68

與潘霍華一同默想主的降生—— 41 天靈修之旅
God Is in the Manger: Reflections on Advent and Christmas
潘霍華（Dietrich Bonhoeffer）著／陳永財 譯／ HK$68

學作主的門徒——與潘霍華一同靈修 40 天
40-Day Journey with Dietrich Bonhoeffer
羅恩．克盧格（Ron Klug）主編／李金好 譯／ HK$68

讀者意見表

緊扣時代 服事教會

以文字傳揚基督真道

衷心多謝你購買本社書籍。本社一直致力以出版事工服事教會，幫助信徒扎根於神的話語，促進靈命增長。為使我們的出版更能滿足你的需要，請填寫下列各項資料，並寄回或傳真予本社。

所購書籍：________________

本書最吸引你的地方：

☐作者 ☐適切性 ☐文筆 ☐設計 ☐實用性

☐其他：________________

購買本書地點：

☐基道書樓 ☐基督教書店 ☐非基督教書店

性別：☐男 ☐女 職業：________________

信仰：☐基督徒 ☐非基督徒

年齡：☐ 16 歲或以下 ☐ 17～25 歲 ☐ 26～35 歲
☐ 36～55 歲 ☐ 56 歲或以上

學歷：☐中三或以下 ☐中五 ☐預科
☐大學 ☐研究院

☐我欲更多了解基道出版社的事工及考慮支持，請寄給我下列資料：

☐機構簡介 ☐新書資料 ☐基道會員通訊

☐《基道文字事工通訊》

姓名：________________ 電話：________________

地址：________________

____

傳真：________________ 電子郵件：________________

其他意見：________________

____

多謝賜教！

意見表可以傳真（2687-0281）或直接郵寄以下地址：
香港沙田火炭坳背灣街26號富騰工業中心1011室
基道出版社編輯部收